Erica Gibogini

Orta in giallo

MNAMON

"Quando il commissario giunse nel piccolo borgo adagiato sulla sponda del lago, si disse che non era possibile che esistesse un luogo così bello.
Lui che viveva soffocato in una città grigia di smog, dovette abituare il respiro e gli occhi a ciò che aveva davanti e si lasciò cullare dalla
dolce atmosfera lacustre.
Si stupì dell'azzurro dell'acqua,
del pervinca del cielo,
dei verdi più diversi dei prati e delle montagne intorno,
si sentì come quando, da bambino, per mano a sua madre,
vedeva passare i carri di carnevale dai mille colori, gli occhi
spalancati, completamente indifeso e rapito da tutte quelle
emozioni"

L'acqua, un lago, bellezza e mistero vanno di pari passo.
E tutto diventa possibile:
un giardino impeccabile può nascondere un cadavere,
una serata di festa può sfociare in una tragedia
uomini vissuti in un altro secolo possono fare la loro comparsa
e danzare insieme fra le cappelle del Sacro Monte.

Il lago … muto testimone … mentre il passo felpato di un gatto
attraversa la scena del delitto … solo lui sembra conoscere la
verità.

Erica Gibogini

L'anello con la pietra rossa

Lunedì

Tutto cominciò un giorno di fine estate, quando Elena ricevette la lettera. Annoiata da una pigra giornata in spiaggia, dove un sole ancora caldo l'aveva spossata, la ragazza, tornando a casa, trovò sul tavolo dell'ingresso una busta color avorio, con il suo nome scritto in bella calligrafia. Stupita, aprì la strana missiva, rimanendo per qualche minuto in piedi, a registrare mentalmente la notizia. Dovette richiamare alla memoria le sue conoscenze geografiche per capire dove fosse quel paese che figurava sulla carta intestata della lettera, sede dell'hotel quattro stelle con il pretenzioso nome "Perla del Lago", dove l'avevano accettata per il lavoro di receptionist. Il direttore le comunicava che l'avrebbe contattata telefonicamente, ma che era politica dell'hotel, ligia alle vecchie abitudini, scrivere al personale una lettera di ammissione. Dove si trovasse quel posto dal sapore antico, lei, che viveva in una cittadina sulla costa della Liguria, proprio non lo sapeva. Corse nella sua camera e consultò con trepidazione *Google Map* e il satellite le mostrò in pochi secondi Orta. Un lago di piccole dimensioni accanto ad un lago più grande che, in Piemonte, confina con la Svizzera, il Lago d'Orta le apparve come un puntino e Orta San Giulio, un puntino nel puntino. Quando sua madre rientrò, più tardi, Elena le annunciò che per i prossimi mesi sarebbe andata a lavorare in un hotel lontano da casa, ma non poi così lontano, la rassicurò, poche ore di treno le dividevano. A cena il tema all'ordine del giorno fu il nuovo lavoro di Elena e la sua imminente partenza. Suo padre, uomo severo e piuttosto arcigno, non si era lasciato andare in sentimentalismi, anche se gli occhi lucidi al momento del caffè un po' lo tradirono. La sorella Laura aveva annunciato che avrebbe sicuramente trovato qualche giorno per condivi-

7

dere una piccola avventura fra ragazze. Nessuno poteva immaginare quale ben diversa avventura quel minuscolo borgo adagiato sul lago d'Orta avesse in serbo per Elena.

Martedì

Il giorno successivo arrivò l'annunciata telefonata del direttore dell'hotel che ufficializzava la disponibilità del posto di lavoro. Fra le altre cose, comunicò a Elena che, se avesse voluto, a sua disposizione ci sarebbe stato un alloggio in una casa di loro proprietà non lontana dall'albergo. Elena si dimostrò entusiasta di quella opportunità, l'idea di avere una casetta tutta per sé la emozionava. La telefonata si concluse con gli ultimi accordi. Entro una settimana sarebbe stata attesa all'hotel, dove avrebbe preso servizio un paio di giorni dopo. Elena era eccitatissima, studiò su internet i posti dove sarebbe andata a vivere, contattò l'agenzia immobiliare che aveva in gestione la casa che il direttore le aveva offerto e una efficiente impiegata le descrisse il piccolo fabbricato in pietra - Come praticamente tutte le case, qui a Orta... - le fu spiegato. Su due piani, un balcone lungo tutto il fronte e un piccolo giardino, a confine con un'altra proprietà. Appena vide le foto che le furono inviate, Elena se ne innamorò: si immaginò di spalancare quelle persiane grigie, prepararsi il caffè e vestirsi per la giornata di lavoro. Quel piccolo lago chiuso fra montagne le sembrò un po' cupo, ma l'insieme del paesaggio le piacque. Si sentiva pronta per la sua nuova vita.

Lunedì

La giornata grigia, quasi autunnale, non era delle migliori per dare il benvenuto a Elena, che scese dal treno in una piccola stazione che doveva avere avuto tempi migliori. La linea ferroviaria tra Novara e Domodossola era decisamente desueta e il treno sferragliò rumorosamente, frenando davanti alla casetta rossa, antica sede della biglietteria e sala d'attesa della stazione. Le porte del vecchio convoglio si aprirono e lei, trascinando a fatica la pesante valigia, scese i gradini di ferro. La porta fu richiusa e, lasciando scorrere il treno che ripartiva, si guardò intorno. Una leggera pioggerella sembrava disegnare ad acquarello quel dolce paesaggio fatto di montagne e di lago. Uscì dalla stazione e si ritrovò su una strada sulla quale si affacciavano case colorate, in giro non si vedeva nessuno. Elena scorse una tabaccheria poco più avanti e decise di entrare a chiedere come raggiungere l'hotel. La valigia era davvero pesante e la ragazza maledisse fra sé la sua mania di viaggiare con mezzo guardaroba, riuscì comunque ad arrivare alla porta del negozio e vi entrò. Dietro il bancone coperto da giornali un ragazzo consultava assorto il suo cellulare e nell'udire il rumore della porta alzò lo sguardo. Elena doveva essere un ben misero spettacolo, la giacca leggera stropicciata e i capelli scomposti.

- Scusi - chiese al ragazzo che la guardava incuriosito e che aveva già pensato "turisti!!" - mi sa dire come posso raggiungere l'hotel "La Perla del Lago", a Orta? -
- Beh, con quella valigia non sarà facile, il paese è a un paio di chilometri e per di più devi attraversare la rotonda sulla provinciale e qui di taxi non ce ne sono. Ma se vuoi chiamo l'hotel, spesso mandano un'auto a prendere i clienti -
- Non so se ne ho diritto - disse con sgomento Elena - io ci vado a lavorare, non è carino presentarsi facendosi venire a prendere alla stazione! -
- Ah! - esclamò il ragazzo - Ma io li conosco bene, li chiamo. Scusa, non c'è altro modo e tu non puoi andarci a piedi, di sicuro! - Detto questo, il ragazzo scorse la rubrica

del suo cellulare e chiamò, senza che Elena avesse il tempo di ribattere.
- Pronto? Si, buona sera, qui è la Tabaccheria alla Stazione, c'è da me una ragazza che dice di dover arrivare da voi, per lavoro. Si chiama... scusi un attimo - rivolgendo lo sguardo interrogativo a Elena, che subito rispose - Elena Volpi - Elena Volpi - fece eco il ragazzo - Potete per cortesia venire a prenderla? -
Un attimo di silenzio e la telefonata si concluse con un - Grazie. Glielo dico - e, rivolto a Elena - Aspetta qui fuori, tra cinque minuti arrivano a prenderti - riferì con un sorriso.
Elena ricambiò il sorriso, grata di aver risolto il suo problema
- Grazie, sei stato proprio gentile - e uscì dal negozio. Era ormai pomeriggio inoltrato e l'aria si stava facendo fresca. Elena rabbrividì e, appoggiata alla valigia, si apprestò ad attendere. Non passò molto tempo e un'auto grigia con la scritta dell'hotel sui fianchi si fermò davanti a lei.
Una donna di mezza età aprì la portiera e le si avvicinò sorridendo, porgendole la mano.
- Elena? Piacere, sono Maria, vieni - le disse prendendole la valigia, che finì nello spazioso bagagliaio.
Elena si presentò, decisamente agitata. Le donne salirono a bordo e Maria ripartì, andò fino alla casetta della stazione a girare, ripassò davanti alla tabaccheria e, svoltando a sinistra, scese verso Orta. Fu superata la già nominata rotonda che smistava il traffico sulla provinciale e il mezzo imboccò, sulla sinistra, la strada panoramica che portava al paese. Ecco, sulla destra, l'ansa del lago, il paesaggio, triste, forse, in quelle ore di un tardo pomeriggio piovoso, ma già promettente di un luogo molto bello, che Elena non vedeva l'ora di scoprire. L'arrivo al parcheggio, in alto rispetto al borgo, e la ragazza si trovò davanti all'hotel, una bella costruzione color crema, su tre piani, le persiane verdi, vasi di fiori su tutti i balconi, la scritta con il

nome dell'hotel in verticale lungo la parete del fabbricato.
Fu il direttore in persona, uomo sulla settantina in elegante completo blu, i capelli grigi ancora folti, viso in parte coperto da una barba che gli dava un aspetto signorile, a venirle incontro nella hall.
- Benvenuta, signorina Elena - le disse porgendole la mano ben curata - sono il direttore, Attilio Ferrari.
- Grazie, signore, buona sera - rispose impacciata Elena
- Sarà stanca, ci vediamo a cena. Poi questa sera le faccio fare il giro dell'hotel e la ragguaglio sul suo lavoro
- riprese l'uomo - Purtroppo la casa non sarà disponibile fino a domani. L'agenzia immobiliare che ha in custodia le chiavi a quest'ora è chiusa. Per questa sera dormirà in una delle stanze del personale -
- Grazie, mi dispiace darvi disturbo - disse Elena
- Di niente, a dopo - fu il saluto un po' sbrigativo del direttore, il quale, avvistata una coppia di clienti che, alla reception, si stava lamentando di qualcosa, si allontanò veloce.
Elena rimase in compagnia di Maria che la accompagnò nella camera, situata al piano terra, vi entrò e appoggiò la valigia accanto al letto.
- Alle sette meno un quarto c'è la cena del personale, conoscerai tutti - le disse Maria, uscendo dalla porta, non prima di averle rivolto un complice sorriso.
- Grazie di tutto, a dopo -.
Elena restò sola in una piccola camera, arredata dell'essenziale, andò alla finestra e, come si aspettava, non le si parò davanti l'incantevole paesaggio che un turista può godere in quei casi, solo il muro di un altro fabbricato. Erano infatti le stanze destinate al personale. Guardò l'ora, erano le sei, aveva il tempo per una doccia. Ma prima si lasciò cadere sul letto a una piazza, esausta.

Martedì

Il sonno è il privilegio dei giusti, deve avere detto qualcuno, ma anche dei giovani, data la facilità con cui riescono a prendere sonno, incuranti delle scomodità. Ma quel giorno il sonno giocò davvero un brutto scherzo, dato che fu all'alba delle sette del mattino dopo che Elena aprì gli occhi e, dopo una manciata di secondi, guardata l'ora sull'orologio da polso, realizzò di quale madornale gaffe si fosse resa colpevole. Era appena arrivata e non si era nemmeno presentata per la cena! Fu ben scomposta la sua rocambolesca "levata": corse in bagno per una doccia velocissima, inveendo contro se stessa, maledicendosi e imprecando. Non erano neanche le sette e mezza, che arrivò spedita nella hall dell'albergo. I suoi colleghi, che non aveva ancora conosciuto a causa della sua incuria, erano già al lavoro e lei non sapeva proprio cosa fare. Le venne in aiuto Maria, la prese sotto braccio e la portò in cucina.
- Accidenti, ragazza, eri stanca eh! - le disse ridendo la donna.
- Oh Dio! Scusatemi, vi prego, che figura! Mi sono addormentata sul letto senza neanche svestirmi e mi sono svegliata solo ora. Cosa dirà il direttore? - chiese con un groppo alla gola.
- Oh! Dai, non preoccuparti. Adesso bevi un bel caffè forte, mangia qualcosa e presentati al direttore, capirà! - la rincuorò Maria.
Elena si sedette in un angolo della cucina, salutando timidamente lo chef e gli altri lavoranti. Malgrado la tensione, mangiò con appetito e un quarto d'ora dopo bussò alla porta di quella che le era stata indicata come la direzione. Un - *avanti!* - severo e deciso le giunse dall'interno e Elena entrò, ingoiando aria.
- Buongiorno, direttore. La prego, mi scusi. Non so come sia potuto accadere – cominciò.
- Buongiorno, Elena. Beh! Beata gioventù! Mi dispiace di

non avere potuto condividere la cena con lei, avevo in programma di presentarle tutti, il giro dell'hotel, eccetera eccetera, beh, faremo tutto oggi, ma odio fare di corsa e domani comincerà il lavoro - le disse abbastanza cordialmente, anche se con un cipiglio un po' severo.

Elena si scusò ancora, ringraziò, fu fatta accomodare e per l'ora che seguì ascoltò tutte le abitudini dell'hotel, gli orari che avrebbe dovuto rispettare, quelle che sarebbero state le sue mansioni. Quel giorno avrebbe preso possesso del suo alloggio, le avrebbero consegnato due cambi di uniforme e alla sera a cena – *sempre che non avesse preferito dormire* - si sentì dire con ironia accompagnata da un sorriso benevolo che le riscaldò il cuore - avrebbe conosciuto tutti. Se voleva, poteva pranzare con il personale, a mezzogiorno, sennò si sarebbero visti, appunto, alla sera. Alle nove uscì dalla direzione e andò a cercare Maria che aveva il compito di scortarla all'agenzia immobiliare. Passò quindi dalla camera a prendere il bagaglio e, trovata Maria alla reception, dove una bella ragazza bionda congedava una rumorosa famiglia di tedeschi, uscì con lei dall'albergo. La giornata era decisamente migliore del giorno precedente, il sole splendeva. Appena fuori dal cancello dell'hotel, la strada che portava al paese era a quell'ora piuttosto movimentata. L'ufficio dell'agenzia era a un centinaio di metri di distanza, dall'altro lato. Elena e Maria vi entrarono e una donna le salutò cordialmente, consegnando le chiavi ad Elena. Uscirono quindi dall'ufficio e, percorso un altro centinaio di metri, si fermarono davanti a una casetta che lei riconobbe subito dalle foto che aveva ricevuto via mail. Era veramente carina, la porta centrale, grigia come tutte le persiane, si aprì docile e si trovò in un piccolo atrio con due porte ai lati e una scala al centro, che portava al piano superiore. Ispezionò la cucina e un salottino al piano terra e la camera e il bagno al primo piano. Maria la salutò e corse all'hotel. La ragazza portò la già più volte sballottata valigia in camera e la parcheggiò in fondo al letto, ansiosa di guardare fuori. Aperta la porta finestra si trovò su un balcone stretto e lungo dal quale si godeva una bella vista. I tetti grigi delle case sotto di lei e là, davanti, il vero, misterioso, protagonista del luogo: il lago. Se Orta è baciata dalla fortuna di avere quell'elemento naturale ad abbellirla, è ulteriormente favorita dall'incredibile opportunità di avere di fronte l'isola che sorge e spicca da quelle dolci acque: San Giulio, che cede il suo nome a completamento di quello del paese.

Il rumore di una brusca sterzata di ruote sulla ghiaia la distolse per un attimo da quella contemplazione: una monovolume nera stava entrando a gran velocità nel cortile della casa accanto. Elena guardò incuriosita, chi mai poteva guidare in un modo così spericolato in un luogo dove tutto conduceva alla calma? Ma la sorpresa fu ancora maggiore quando vide che a scendere dal mezzo non era né un forzuto palestrato, né una bionda ossigenata, ma un signore di mezza età, stile "nonno che porta al parco giochi il nipotino". L'uomo scese dall'auto e sbatté la portiera, entrando a passo rapido in casa, una costruzione bianca stile antico, due piani e un balcone verso il lago, le persiane grigie, un piccolo giardino. La ragazza rientrò in casa, rimandando l'esame del suo strano vicino ad un altro momento. Fu una giornata molto piacevole, si ambientò e riordinò le sue cose, mezzogiorno arrivò troppo in fretta. Decise che non sarebbe andata a pranzo all'hotel, in fondo il direttore le aveva dato possibilità di scelta, voleva vedere il paese, avrebbe mangiato qualcosa in un bar. La giornata era tiepida e valutò che jeans e un semplice golf sopra la maglietta sarebbero andati bene e appena fu pronta uscì, emozionata. Non sapeva la strada per il centro, ma non fu difficile. Attraverso un passaggio in pietra fra le case sbucò sulla via della chiesa che si lasciò alle spalle per scendere una strada con case dall'aria antica su entrambi i lati. Arrivò nella vivace piazza, di forma rettangolare, fiancheggiante il lago e, oltre i pontili, oltre l'acqua, l'isola! Elena si avvicinò agli attracchi delle imbarcazioni e rimase a contemplare quella che sembrava la copertina di una rivista. Il sole illuminava le facciate delle case grigie e di una grande costruzione alla sommità - il convento delle suore - la forma di cono che assumeva il complesso, riflesso nell'acqua diventava un rombo. Case che si specchiavano in se stesse, immobili, quelle sull'isola, increspate dal lieve movimento delle onde, quelle nell'acqua. Il battello stava attraccando e ne scesero una decina di turisti, che si avviarono chiassosi al ristorante, dove numerosi tavolini all'esterno arrivavano fino contro la riva. Elena decise di andarci anche lei e occupò uno dei tavoli, la sedia rivolta verso il lago. Respirò a fondo, tutto era veramente perfetto. E pensare che era venuta in quel luogo per lavorare! Afferrò felice il menù, improvvisamente affamata.

Fu quando ebbe finito il delizioso panino farcito che entrò nella sua visuale una figura che le sembrò di avere già visto. Infatti, l'anziano uomo che raggiunse il pontile e salì su una barca, avviò il motore e uscì verso il lago, era proprio il suo vicino. - *Vivace l'ometto* - pensò mentre seguiva con lo sguardo la piccola imbarcazione che prendeva velocità scomparendo dopo pochi minuti dietro l'isola. Elena pagò e riprese la visita: strette vie, negozi di souvenir, piazzette ricavate fra le antiche case, la accompagnarono festose. Arrivò fino ad una passeggiata molto stretta e senza protezioni che costeggiava il lago, si sedette su di una panchina in pietra, sotto grandi salici piangenti le cui fronde sfioravano sensuali l'acqua. Alle cinque, stanca, acquistò del cibo nel negozio della piazza e tornò a casa. Una doccia e alle sei e trenta si presentò all'hotel. Il personale si stava sedendo a tavola in un locale a fianco della cucina. Il direttore le andò incontro e tutti la accolsero con sorrisi e strette di mano. La ragazza bionda che aveva già visto alla reception si chiamava Stefania e sarebbe stata la sua collega, oltre a Grazia, la responsabile.

- Domani ti mettiamo sotto - la tirarono in giro - il pullman di inglesi che deve arrivare nel pomeriggio lo lasciamo tutto per te - poi vedendo il viso allarmato di Elena, aggiunsero - No, tranquilla - una sonora risata dei camerieri e dello chef la rincuorò. Elena lasciò l'albergo un'oretta più tardi e fece ritorno alla sua casa, grata di potersi riposare. La giornata era stata davvero piena di novità e l'indomani non sarebbe stato da meno. Giunse alla porta di ingresso della casa, annaspò nella borsa in cerca delle chiavi e, afferratele, la aprì, sotto lo sguardo di una coppia di turisti che, sereni dopo una bella giornata di vacanza, tornavano in albergo, forse quello della piazzetta. Entrò in casa e, gettate le scarpe nell'angolo, andò in bagno e dieci minuti dopo era seduta sul letto, computer alla mano. La casa era silenziosa, la strada non le dava nessun disturbo, Orta era un piccolo borgo e il traffico delle auto era proibito, tutti dovevano lasciare l'auto nel grande parcheggio e quella era una via per soli residenti. Spense il pc e andò alla portafinestra che dava sul balcone, guardò fuori: l'isola era splendida, illuminata nella dolce notte, misteriosa e affascinante. Pensò alle suore confinate in quel lembo di terra affiorante dall'acqua, volontarie prigioniere. Uscì sul balcone e accostò le persiane di legno. La stanchezza non le permise di accorgersi dell'uomo che, nel piccolo giardino confinante, fumava guardando il lago, assorto in pensieri lontani, portava la sigaretta alla bocca, con ripetuti e lenti movimenti. La pietra rossa dell'anello che portava al dito mignolo prendeva vita alla luce della cenere che bruciava.

Mercoledì

Il tempo, in quella bellissima zona lacustre, è davvero variabile e al mattino gli abitanti sono abituati a scrutare l'orizzonte oltre le montagne intorno al lago, per scoprire

se il sole stenderà il suo gioioso mantello di luce e allegria o se nuvole minacciose e portatrici di pioggia saranno le protagoniste della giornata. In ogni caso, nulla riuscirà a rovinare la bellezza dei luoghi e la vita procederà in un senso o nell'altro. Elena aprì le persiane e scorse nuvole scure, ma poco le importava, alle dieci avrebbe cominciato il suo nuovo lavoro, non avrebbe certo potuto curarsi del tempo. Fece colazione al tavolo della cucina, caffè, pane imburrato e succo d'arancia. Si preparò di tutto punto e poco prima delle dieci era pronta, si guardò allo specchio: si, poteva andare, la divisa nera le stava a pennello, la camicia bianca spiccava dalla giacca e la coda di cavallo che racchiudeva i suoi bei capelli neri le ricadeva sulle spalle. Il trucco era leggero. Sospirò e uscì di casa. Chiuse la porta e si avviò all'hotel.
- Buongiorno! - si sentì gridare alle spalle. Si girò incuriosita ma non vide nessuno - Sono qui! - seguendo la voce, scorse da dietro la siepe della casa confinante con la sua l'uomo che già aveva incrociato un paio di volte da quando era arrivata a Orta.
- Buongiorno! - gli disse avvicinandosi
- Lei è la nuova ragazza dell'hotel? Piacere, io sono Enzo Pallotta, il suo vicino di casa
Elena ricambiò i convenevoli, sorridente. Era davvero un grazioso ometto, di corporatura minuta, altezza normale, i pochi capelli grigi cercavano di coprire pietosamente la testa che il sole di quell'estate doveva aver colorato perché di un bel color caffellatte. Gli occhi grigi, vispi, squadrarono Elena da dietro gli occhiali con una montatura decisamente fuori moda.
- Piacere. Si, sono nella casa qui accanto, lavorerò all'hotel "La Perla del Lago" per un periodo, anzi, sto andando a prendere servizio. È meglio che mi sbrighi! Non starebbe bene arrivare in ritardo il primo giorno di lavoro, il direttore sembra così severo. Anche se fino ad ora è stato davvero carino, con me -

- Si, il direttore lo conosco bene. Vada, vada, ma una sera di queste dobbiamo fare conoscenza, io e lei, d'accordo? - - Certo, volentieri. Buona giornata - - A presto, buona fortuna! - e l'uomo riprese il suo lavoro di potatura della siepe che, fino a quel momento, non sembrava avere dato un gran risultato, visti i rametti di bosso che spuntavano ovunque.

Sulla porta dell'hotel Elena trovò il direttore, vestito anche quel giorno in elegante completo nero e cravatta a righe.
- Buongiorno, Elena. Le auguro buon lavoro, Stefania la sta aspettando - era davvero un uomo d'altri tempi, pensò Elena mentre gli sorrideva.
- Buongiorno. Farò del mio meglio, grazie, direttore - rispose un po' confusa.

La giornata, letteralmente, volò, l'annunciato pullman di turisti inglesi arrivò, altri clienti lasciarono l'hotel, alla postazione di loro ragazze fu un continuo via vai di clienti con richieste di ogni genere. La pausa fu di solo mezz'ora, Elena divorò veloce una pasta che le sembrò buonissima. Alle sei di sera la ragazza era distrutta, ma nel complesso soddisfatta.
- Se vuole, per oggi può bastare. Mangia con noi, Elena? - le chiese il direttore, facendola sobbalzare: le lunghe e silenziose falcate di quell'uomo alto ed elegante avevano coperto lo spazio della hall in un battibaleno e lei non lo aveva sentito arrivare.
- Grazie, direttore. Ma penso che andrò a casa. Vorrei anche andare un po' in giro per il paese, conoscere i posti. Anzi, sa che ho incontrato il mio vicino? Signor... come si chiama... mi ha detto che la conosce bene - rispose Elena
- Enzo? Si, certo, siamo entrambi di Orta, amici di vecchia data - rispose vago il direttore - allora, buona serata. Domani le faccio prendere servizio alle otto, molti clienti partono presto. -
- Bene, d'accordo. A domani - e Elena salutò tutti cordialmente. Uscì dall'hotel, il tempo era migliorato, le nuvole

del mattino avevano lasciato posto a un cielo terso. Si poteva godere della promessa di una bella serata di fine settembre. Squillò il cellulare nella borsa e dovette fermarsi per afferrarlo e rispondere. Era Laura che con un - Ehi! Ma sei viva? - le chiedeva tutte le novità.

Elena si fermò al limitare della strada e si appoggiò al basso muretto che la costeggiava. Mentre parlava con la sorella, raccontandole tutto di quei tre giorni, che le apparivano molti di più - le sembrava di essere via da casa già da un'eternità - spaziò lo sguardo verso l'isola e, sotto, il paese. Davanti a lei una piccola area adibita a minigolf ospitava in quel momento solo una famiglia di francesi che, mazze alla mano, si cimentava rumorosamente nel gioco. Il fratello più grande stava tirando in giro la sorellina, che aveva sbagliato clamorosamente una mossa. Elena concluse la telefonata e si alzò. Pochi minuti e fu davanti alla casa del vicino, già in vista della sua. Il signor Enzo non doveva essere rimasto molto a potare la siepe, perché sembrava ancora nelle stesse condizioni della mattina. Arrivò davanti alla porta di casa e la aprì. Il piccolo appartamento la accolse e lei si concesse una lunga doccia. Rinvigorita, uscì sul balcone, respirò l'aria del lago, erano quasi le otto e decise che sarebbe andata a cena in paese. Ma la voce che le giunse improvvisa dal giardino di fianco le mandò a monte i programmi.

- Le va un bel piatto di pesce di lago? - le chiese il signor Enzo, in piedi accanto alla macchina, con la borsa della spesa in mano - Non l'ho pescato io, come vede, ma ho appena comprato un freschissimo lavarello che pensavo di preparare con la salvia. Sarebbe un bel modo di fare conoscenza, le pare? O forse sono invadente? Una ragazza giovane e carina come lei si meriterebbe ben altro che una cena con un anziano signore -

- Oh! Buonasera - rispose prendendo tempo Elena, non sapeva cosa dire, ma era vero, avrebbe fatto volentieri altro. Ma poi pensò che il suo programma prevedeva una cena

solitaria, perché non accettare l'invito? In fondo, sembrava simpatico, il signor Enzo. - Ma... si, grazie! Però porto il gelato. Dove posso andarlo a comperare? - chiese, improvvisamente contagiata dalla convivialità dell'uomo.
- Benissimo! Non ha che da scendere in paese, se c'è una cosa che a Orta non manca sono le gelaterie, e fanno tutte un ottimo gelato. Scelga lei. Alle nove da me -
- Bene, a dopo. E grazie -
Elena calcolò che se si sbrigava faceva in tempo a fare un breve giro per il paese, oltre che a comperare il gelato. In dieci minuti fu pronta e giunse alla piazza, il buio ancora indeciso della sera dava al paese un'atmosfera incredibile.
- Vuole cenare all'isola, signorina? - le chiese un ragazzo appoggiato ad uno dei pontili, dove era attraccato un piccolo motoscafo con una scritta sullo scafo riportante il nome di un ristorante, quello che si trovava sull'isola, dedusse Elena.
- No, grazie, un'altra volta volentieri - gli rispose - tanto per un po' sarò qui -
- A che hotel alloggia? - le chiese lui, incoraggiato dalla sua cordialità
- Non sono una turista, lavoro all'hotel "La Perla del Lago"
- Grandioso! Piacere, sono Carlo - si presentò venendole incontro e porgendole la mano
- Elena. Piacere. Allora avremo modo di vederci -
- Si, certo. Spesso conduco i turisti all'isola e sono solito venire all'hotel. A presto, allora, e buona serata! -
Elena salutò il ragazzo e si avviò verso il fondo della piazza. Imboccò una stradina e si lasciò trasportare dalle emozioni di vagare in quelle piccole vie d'altri tempi, sbirciò oltre i cancelli delle ville private che si affacciavano verso il lago. Attraverso le finestre illuminate poté scorgere cucine e salotti riccamente arredati. Improvvisamente, da un giardino vide sbucare un gatto bianco e nero che, strisciando fra le sbarre di ferro battuto del grande cancel-

lo, la raggiunse e, dopo averla salutata con mille fusa, le si accostò e l'accompagnò per il resto della passeggiata.

Fu solo quando Elena fece ritorno alla piazza che il micio prese un'altra strada e alla ragazza sembrò che, prima di scomparire oltre un muro, il micio avesse sollevato il musino nicchiando, in segno di saluto. O così volle pensare. Comprò il gelato e si avviò verso casa. Passando dalla piazza notò che Carlo stava aiutando una bella signora a salire sul motoscafo. La ragazza attese che l'operazione fosse terminata per vedere il mezzo partire verso l'isola. Si ripromise che il primo giorno di libertà dal lavoro sarebbe andata e visitarla.

Arrivata davanti alla casa del vicino, suonò il campanello e la serratura scattò. La porta fu aperta e il signor Enzo, pantaloni in velluto a coste e maglione a collo alto, completo che a Elena sembrò un po' fuori stagione, si materializzò davanti a lei.

- Benvenuta - e fu fatta accomodare in un salotto, una parete del quale a vetrate, con una vista bellissima sul lago e l'isola. La ragazza si ritrovò a pensare che a vivere in una casa così non si poteva non essere felici. Fu scossa da un pronto invito del suo ospite - La cena è pronta! -

Il gelato fu messo in freezer e entrambi si sedettero al tavolo della cucina, ambiente anch'esso molto accogliente e luminoso, con una finestra verso il lago e un'altra verso la sua casa, che poteva quindi ben vedere da quella postazione.

La cena fu squisita, pesce di lago, insalata, formaggi e il gelato che aveva portato Elena. Il signor Enzo le raccontò che era nativo di quei posti, vedovo da molti anni, una figlia che viveva a Londra. Eh si, la sua Marta l'aveva lasciato per una brutta malattia, le aveva detto con gli occhi lucidi. Lui non si era mai più rifatto, aveva lavorato in banca in vari paesi lì vicino, gli ultimi tempi nella filiale di Orta, a due passi da casa. Erano già quindici anni che era andato in pensione, una vita tranquilla, la sua, senza scosse. Gli piaceva così. Mentre raccontava, Elena notò il bell'anello con una pietra rossa che il signor Enzo portava al mignolo sinistro, elemento che un po' stonava con la semplicità dell'abbigliamento, ma che gli dava un tocco di raffinatezza. Lei, da parte sua, raccontò della sua vita, della scelta, dopo la scuola, di lavorare nel turismo, che l'aveva portata a Orta. Il signor Enzo la guardava da dietro gli occhiali con gli occhi grigi, vispi per la sua età, con un'intensità che un po' la metteva a disagio, ma nella quale non vide nessun tipo di malizia. Era davvero un caro vecchietto. A mezzanotte Elena si alzò e gli diede la buonanotte, era tardi e l'indomani la attendeva il lavoro.

- Buonanotte, cara, grazie di avere tenuto compagnia a un vecchio - le disse il Signor Enzo sulla porta, stringendole la mano

- Buonanotte, grazie a lei -

Elena ritornò a casa sua e si spogliò. Prima di andare a letto non poté fare a meno di sbirciare verso la finestra della cucina del signor Enzo, dove la luce era ancora accesa. Intravide l'uomo affaccendato al lavandino, si sentì una stupida per non essersi offerta di aiutarlo. Improvvisamente lo vide togliere dall'acqua le mani, sfilarsi con gesti veloci i guanti di gomma e afferrare il cellulare appoggiato sul tavolo. Non poteva vedere il viso dell'uomo, che così facendo si era girato di schiena, ma la postura e i gesti sembravano segnalare preoccupazione. Restò al telefono per alcuni minuti, poi lasciò la stanza, spegnendo il lampadario. Dalla luce apparsa al piano di sopra Elena capì che l'uomo aveva definitivamente rinunciato a riordinare la cucina. Che strano! Ma Elena stava veramente esaurendo le forze, chiuse la porta finestra e si infilò nel letto, sfinita. Nella casetta di fianco, il signor Enzo, ben lungi dal riuscire a prendere sonno, accese il computer e digitò la password di accesso alle sue cartelle personali, pensieroso.

Giovedì

Elena remava verso l'isola, dove delle suore la stavano aspettando sul molo, arcigne. I lunghi abiti mossi pesantemente dal vento. Lei cercava di coordinare i remi ma l'acqua increspata da quell'aria di tormenta alimentava onde che aumentavano paurosamente, facendola andare sempre più verso il largo. Un'altra piccola imbarcazione la stava raggiungendo e lei vide con sollievo che si trattava del signor Enzo, indossava ancora i pantaloni di velluto e il maglione a collo alto, e si sentì sollevata. L'uomo le fu accanto in un attimo e le porse la mano, poté scorgere nel cupo di quell'atmosfera irreale l'anello con la pietra rossa. Il cielo si stava abbassando e una pioggia improvvisa la investì. Per fortuna la sveglia squillò nella stanza da letto di Elena e il sogno si ritrasse nel mondo parallelo della mente. La ragazza si svegliò di soprassalto, angosciata da quelle visioni fatte di lago, pioggia, suore severe. Fu felice di alzarsi e, aperta la finestra, vide che anche nella realtà il cielo non faceva presagire nulla di buono, la pioggia cadeva leggera e i contorni del lago e delle montagne intorno erano confusi. La ragazza fece la doccia, consumò una piccola colazione e uscì di casa. Un senso di angoscia la attanagliava. Colpa del sogno, pensò. Guardò appena la casa del signor Enzo, tutto era quieto. Giunta in hotel, fu subito assorbita dalle occupazioni e le ore trascorsero veloci. Fu solo nel pomeriggio che incrociò nella hall il direttore, il quale la salutò appena, l'aria preoccupata. Elena se ne stupì, ma non ci fece caso oltre modo. Un cliente uscì di corsa, fuori il pullman lo stava attendendo e lui era in ritardo, urtò un tavolino dove erano accatastate riviste e quotidiani, facendone cadere alcuni. La ragazza si abbassò per riprenderli, rassicurando l'uomo di non preoccuparsi. Nel riporli, scorse i titoli delle pagine locali, distrattamente. Non conosceva i nomi dei paesi vicini, ma qualcosa le disse che la notizia in prima pagina non doveva riguardare un fatto accaduto molto lontano da lì. La foto di una gioielleria svaligiata a Borgomanero - ricordò infatti il nome della stazione da dove era passata quando era giunta ad Orta -, che occupava una buona parte della pagina, e il titolo *"Nuova rapina in centro. Milionario il bottino"* attirarono l'attenzione della ragazza. Lesse velocemente i fatti: pareva che da tempo le gioiellerie della zona fossero state prese di mira da una banda di rapinatori che, svelti e spietati, bloccavano i commessi dei negozi, afferravano quanto in esposizione nelle vetrinette e se ne andavano su auto sempre diverse, facendo ben presto perdere le loro tracce. L'ultima rapina risaliva a pochi giorni prima. Un altro trafiletto richiamava un articolo delle pagine interne su di un turista misteriosamente scomparso, sembrava, già da tempo. Pensò che, malgrado la bellezza dei luoghi, la vita era anche lì oscurata da loschi avvenimenti ma, non potendo starsene a leggere il giornale durante l'orario di lavoro, lo depose e tornò alla reception, allontanando dalla mente le notizie da poco apprese. Il fine turno arrivò e Elena tornò stanca a casa. La pioggia non aveva cessato di cadere per tutto il giorno e lei si rintanò, cena e un buon libro furono le sue occupazioni fino all'ora di andare a letto. Fu solo allora che si ricordò che non aveva neanche cercato il signor Enzo per salutarlo e ringraziarlo ancora della bella serata. Guardò dal balcone ma, attraverso la pioggia, non vide alcuna luce provenire dalla casa vicina. Cercò con lo sguardo la macchina ma non volle sporgersi oltre, si sarebbe bagnata troppo. Rientrò e si infilò nel letto, si addormentò al rumore della pioggia sui vetri, sperando che il giorno dopo il sole avrebbe vinto sull'acqua e lei, libera dal lavoro, sarebbe potuta andare finalmente a visitare l'isola. Anche nella casa accanto, deserta, il rumore della pioggia risuonava cupo nei locali vuoti.

Venerdì

Il sole aveva vinto. I nuvoloni si erano ritirati e il tepore dei primi raggi riscaldava l'aria. Il cielo, terso dopo la pioggia del giorno prima, appariva luminoso. I contorni dell'isola si stagliavano sul fondale delle montagne. Elena rimase diversi minuti sul balcone, in pigiama, non riusciva ancora ad abituarsi alla bellezza di quei luoghi e si stupiva ogni volta che contemplava il lago. Il lungo sonno l'aveva rinvigorita e la prospettiva della giornata libera la eccitava. Sbirciò verso la casa del signor Enzo: nulla. Le persiane della finestra della cucina erano chiuse, probabilmente l'uomo si stava ancora godendo il tepore del letto. La sua macchina era parcheggiata malamente nel cortile, dunque era in casa. La ragazza si ripromise che alla sera, al ritorno dalla sua gita, avrebbe suonato il campanello per salutarlo. Rientrò e, indossato un comodo abbigliamento, uscì in strada. La colazione l'avrebbe fatta in uno dei bar della piazzetta. Era ancora troppo presto perché ci fosse molta gente in giro, per lo più erano i locali che si avvicendavano nelle prime occupazioni della mattina. Si sedette al tavolino del *Bar Venus*, ordinò cappuccino e cornetto.

- Buongiorno - le giunse all'orecchio mentre sorseggiava la calda bevanda. Dovette appoggiare la tazza e pulirsi le labbra dalla schiuma prima di guardare chi la stesse salutando.

Era Carlo, che stava raggiungendo la sua imbarcazione. Non doveva avere impegni impellenti, data l'andatura flemmatica.

- Buongiorno - gli rispose la ragazza, felice di poter parlare con qualcuno – Lavoro? O ha il tempo per un caffè? -
- Certamente. Grazie - e Carlo si accomodò accanto a lei
- Caffè! - fu l'ordine che diede al cameriere - Giornata libera? -
- Si. Vorrei andare all'isola -

25

- Non hai che da dirlo. La prossima corsa la faccio fra una mezz'oretta. Devo portare le scorte al bar dell'isola. Ti porto io -
- Davvero? Grazie mille. Allora il caffè lo offro io -
- Bene, la tariffa è più che sufficiente. Un viaggio, un caffè. Però il viaggio di ritorno è gratis e il pranzo lo paghiamo metà per ciascuno, al ristorante dell'isola, Che dici? A proposito, ci diamo del *tu*, vero? -
- Senz'altro, il *tu* va benissimo. Per il pranzo, non so, se devi lavorare non puoi dare retta a me - gli rispose un po' impacciata Elena
- Nessun problema, non ci sono in giro molti turisti, e se mi chiamano, un viaggio lo faccio in un battibaleno -
- Va bene, allora d'accordo -
Si trattennero al tavolo per una decina di minuti, poi Carlo andò verso il piccolo motoscafo.
- Tu resta qui, io preparo il mio potente mezzo. Ti faccio cenno quando è ora di andare -. Così dicendo si alzò e si avviò al molo. Era davvero un bel ragazzo, pensò Elena. Alto e muscoloso. I capelli scuri scompigliati, il sorriso aperto.
Elena rimase al tavolo e chiuse gli occhi al sole, godendosi il tepore sul viso. Fu quando li riaprì che, guardando verso Carlo per accertarsi che non la stesse chiamando, lo vide che camminava lungo il pontile, parlando al cellulare, gesticolando. La chiamata durò parecchio e Carlo la terminò nervosamente. Per un attimo rimase pensieroso, fermo, poi si riscosse e cercò Elena con lo sguardo. Il cenno di raggiungerlo fu piuttosto brusco e la ragazza ci rimase un po' male. Lasciò i soldi sul tavolino, senza attendere il resto, non voleva far aspettare Carlo, che sembrava aver cambiato improvvisamente umore.
- Tutto bene? - si sentì in dovere di chiedergli
- Si, si, sali. Mi fanno sempre premura. Lascio le scorte al bar dell'isola e devo tornare subito a Orta. Ci rivedremo al ristorante verso la una - fu la risposta di Carlo

- Va bene, d'accordo. Comunque, se non dovessi vederti, non ti preoccupare -.
Il viaggio da Orta all'Isola durò poco meno di dieci minuti. Elena fu grata a Carlo che non parlasse. Anche se il viso diventato cupo del ragazzo le dispiacque. Guardò allontanarsi la riva, la piazza e le case lungo il lago. Le darsene, le piante che ricadevano flemmatiche verso l'acqua. Una sfilata di incredibile bellezza. Girò lo sguardo verso l'Isola e scorse severe facciate di ville che la attendevano - come le suore del suo sogno - fu il pensiero che le venne nella mente, provocandole un brivido. Ma la luce della bella giornata di sole non aveva niente a che vedere con la cupezza del suo incubo. L'imbarcazione virò a sinistra e costeggiò l'isola fino ad un piccolo pontile, dove attraccò.
- Grazie, allora... a dopo - disse a Carlo
- Va bene. Buona passeggiata - le rispose il ragazzo. La telefonata doveva averlo preoccupato, lo sguardo aveva perso l'allegria che aveva quando si erano incontrati, non più tardi di mezz'ora prima.
Elena guadagnò terra e, lasciato Carlo e i suoi ipotetici pensieri alle spalle, si rivolse verso l'isola, ben decisa di godersi la visita. Imboccò l'unico vicolo e lo seguì. Superò una piccola piazza con un pozzo, percorse la stretta via, raggiunse diverse discese al lago, là dove le stradine si interrompevano improvvisamente verso l'acqua. Ma ben presto si ritrovò al punto di partenza. Si rese conto con disappunto che la maggior parte dell'isola era occupata dal convento, molta altra dalle ville private, possedute da pochi privilegiati che potevano godere di un luogo così esclusivo. Ripercorse tutta la strada, fermandosi spesso. Sostò davanti alla porta del convento dove su una bacheca erano riportati gli orari di visita delle suore e quelli che scandivano la loro vita ritirata. Le sembrò di vivere un tempo antico. Entrò in chiesa e vi accese una candela, rimanendo seduta su una delle panche di legno, in ammirazione delle ricchezze che la chiesa offriva, fra queste

la tribuna romanica a quattro colonne e i pregiati rilievi. Sentì una bella energia pervaderle il corpo. Uscì e tornò al pontile, si sedette su un muretto, guardando verso Pella, là, in fondo, sulla sponda opposta del lago. Chiuse gli occhi e si lasciò cullare. Forse troppo, perché quando riprese coscienza si rese conto che si era assopita. Scese dal muretto, le gambe rattrappite. Fu allora che scorse il motoscafo di Carlo. Sorrise e si avviò, guardò l'ora ma erano solo le dodici e mezza. Accidenti, non voleva sembrare impaziente, avrebbe fatto un altro giro, poi avrebbe raggiunto il ristorante. Lo aveva già individuato, non era stato difficile. La piccola porta si affacciava sulla piazzetta del pozzo. Si avviò quindi lenta. Superò l'insegna del ristorante, senza guardare dentro. Se Carlo fosse stato lì, l'avrebbe chiamata. Nulla. Camminò ancora, decisa a scendere verso l'acqua, sarebbe rimasta lì ad aspettare l'ora dell'appuntamento. Fu quando svoltò verso il lago che lo scorse. Carlo stava uscendo da un portoncino, guardingo. Teneva sotto il braccio un grosso involucro dalla strana forma. Elena si ritrasse, per non farsi vedere. Carlo fu velocissimo nel richiudere la porta di legno e andare nella direzione opposta alla sua. Elena aspettò qualche minuto, poi decise di andare verso il pontile. Lo raggiunse, in tempo per vedere il motoscafo di Carlo allontanarsi velocemente dalla riva, mentre lui, girato, non poteva vederla. Vide il mezzo dirigersi verso Orta. Sempre più stupita, Elena decise di andare al ristorante. Arrivata, entrò e si sedette. Disse al proprietario che aspettava qualcuno, che era Carlo, ma non sapeva se sarebbe arrivato.
- Carlo! Arriverà, sicuro. Quando si tratta di belle ragazze, non manca mai. - scherzò il proprietario del ristorante - Intanto le porto il nostro vino -
Elena ringraziò e cominciò a sgranocchiare grissini, affamata.
Trascorse una buona mezz'ora, di Carlo nemmeno l'ombra. Chiamò il proprietario e ordinò lasagne e trota.

- Strano che Carlo non si sia fatto vedere - disse, deluso, l'uomo - Comunque, buon appetito! Magari arriva per il caffè! -

Elena mangiò con appetito. Fu alla fine del pasto che si rese conto che se Carlo non fosse arrivato, lei non avrebbe saputo come tornare a Orta. Ma il ragazzo improvvisamente si materializzò nel locale.

- Ti prego di scusarmi - le disse subito, lo sguardo ancora cupo e preoccupato - ho dovuto fare la spola per ben due volte. E ho un altro viaggio tra poco. Ti accompagno a Orta, il tempo sta peggiorando, ormai avrai visto l'isola in lungo e in largo. Un'altra vola rimedierò. Promesso - - Figurati. Ho fatto una bella passeggiata e un buon pranzo. Torno volentieri - gli rispose Elena.

Si avviarono al pontile. Il cielo era cambiato, nuvoloni minacciosi arrivavano dal fondo del lago, rumore di tuoni annunciava che la pioggia non avrebbe tardato. Salì sul motoscafo e Carlo partì senza perdere tempo. Si staccarono dalla riva dell'isola. A Elena questa volta sembrò di rivivere davvero il suo sogno. L'isola, seppur sempre bellissima anche con l'immagine tetra che in quel momento dava di sè, appariva minacciosa e incuteva un certo timore. Si immaginò di vedere sul pontile le suore arcigne del sogno - *che stupida* - pensò. Per fortuna giunsero a Orta, Carlo era andato davvero veloce. Si salutarono, mentre il vento stava spazzando la piazza e camerieri frettolosi correvano a richiudere gli ombrelloni e togliere le tovaglie dai tavoli esterni. Elena corse verso casa. Fu felice di vedersi accogliere dalla sua piccola dimora, richiuse la porta alle intemperie. Era stata una bella giornata, strana, però. Ma non poteva immaginare che il peggio doveva ancora arrivare.

Venerdì notte

Elena si sarebbe chiesta molte volte, in futuro, come sarebbero andate diversamente le cose se lei quella sera avesse dato retta alla pigrizia e alla voglia di starsene rintanata nel suo lettuccio mentre fuori il lago era sconvolto da un temporale che sembrava voler spaccare l'isola in due. Ma la vita è fatta di *se* e pensare alle altre vie che il nostro destino avrebbe potuto percorrere in seguito ad altre scelte non serve a nulla. La sua decisione era stata dunque quella di armarsi di impermeabile e uscire sotto la pioggia scrosciante, in fondo doveva fare pochi passi, per arrivare alla porta della casa del signor Enzo. Non poteva ignorare quelle finestre con la luce accesa, in salotto, con il suo vicino che non si era mai presentato in cucina, neanche per prepararsi un thé. Elena aveva spiato a lungo la finestra, ma non gli sembrava normale che l'uomo non cenasse, forse non stava bene. Tutte congetture, sicuramente. Ma ormai la curiosità la sopraffaceva ed ora era lì, sulla porta di casa, pronta a spiccare una corsa. I passi veloci non le servirono a molto, arrivò al cancello della casa che era bagnata, l'ombrello era stato completamente inutile, ribaltato dal vento. Con terrore si rese conto che se il signor Enzo non avesse sentito il campanello lei sarebbe stata fradicia nel giro pochi secondi. Attese e, come aveva temuto, non arrivò al suo orecchio nessun rumore di scatto della serratura. Stava cominciando a imprecare quando si accorse che il cancello era solo accostato. Lo spinse e percorse con una goffa corsa il breve tragitto fino alla porta, andando quasi a sbatterci contro, aprendola suo malgrado. Senza avere il tempo di bussare o fare qualsiasi altro gesto che la cortesia avrebbe dettato, si ritrovò all'interno della casa.
- Permesso? Signor Enzo? La porta era aperta. È in casa?
- si affrettò a dire a voce alta. Verso il silenzio della casa. -
Signor Enzo? - ripeté timidamente. Che diavolo... Eppure la luce che proveniva dal salotto doveva dimostrare che

in casa qualcuno c'era. Avanzò di pochi passi ed entrò nel locale dove due sere prima era stata accolta dal suo vicino.

Ma la scena che le si parò davanti era ben diversa da quella del grazioso ometto in maglione a collo alto che, sorridente, la invitava ad accomodarsi. Il maglione lo indossava ancora, per la verità, ma la macchia scura che ne occupava tutto il davanti e il corpo disteso sul divano, apparentemente incosciente, gli occhiali caduti a terra, fotografò nella mente di Elena ben altra realtà. Corse al divano e scosse l'uomo.

- Signor Enzo, Dio mio! Cos'è successo? - chiese con una voce che non era la sua.

Passarono lunghi e incredibili secondi prima che un lamento uscisse dalla bocca dell'uomo. Gli occhi, che avevano perso la loro vivacità, si aprirono a fessura. Il suo nome fu pronunciato, piano.

- Elena... -

La ragazza fu presa dal panico. Chi poteva chiamare? La risposta le giunse da quella bocca esangue

- Attilio, chiama... -

Si, certo! Il direttore era la persona adatta. Elena urlò qualcosa al signor Enzo e uscì nella pioggia. Non badò più all'acqua, all'ombrello, che lasciò, inutile, sulla porta. Arrivò all'hotel che di asciutto non aveva più nulla, forse solo la bocca, se ne rese conto quando cercò di spiegare a Stefania che aveva bisogno del direttore, che era urgente. La sua collega non osò chiederle nulla e le indicò la porta della direzione, muta indicazione che l'uomo era nel suo ufficio. Elena entrò senza bussare e cercò di spiegare al direttore, che ascoltò allibito, sbiancando, quanto gli diceva.

- Andiamo - le ordinò, e, indossata velocemente una giacca, uscirono.

Arrivati alla casa del signor Enzo, Elena lasciò entrare per primo il direttore, si era resa conto che cominciavano a tremarle le gambe. Adesso c'era qualcun altro ad affrontare quella assurda situazione, stava allentando la tensione. Ma per poco. Entrò in salotto e vide il direttore che, chino sull'amico, lo chiamava ripetutamente. Solo dopo diversa insistenza e qualche piccolo schiaffo sul viso, il signor Enzo aprì gli occhi.

- Attilio... - disse - che pasticcio... Devi aiutarmi -
- Si. ti aiuterò, adesso cerco di medicarti, poi mi spieghi cosa diavolo è successo - disse il direttore. Alzò il maglione dell'uomo e, con maestria degna di un esperto infermiere, esaminò quella che Elena dedusse, visto che non aveva osato guardare, essere una ferita. Il direttore andò in bagno a prendere garze e l'occorrente per una medicazione. Elena andò in cucina a sedersi, in attesa. L'operazione richiese parecchio tempo, poi il direttore la raggiunse. Lavò le mani, senza guardarla.

- Può fare del caffè, Elena, per favore? - le chiese, la voce stanca

Elena non rispose neanche e si alzò per cercare la moka. Ci impiegò diversi minuti a trovarla e a metterla sul fuoco. Poi cercò tre tazze, cucchiaini, zucchero. Il gorgoglio del caffè diede un senso di calore alla tragica scena che i tre stavano vivendo in quella casa. Elena preparò le tazze e le portò in salotto, dove trovò il direttore in piedi, vigile, e il signor Enzo seduto sul divano, bianco come un vecchio cencio. Porse le tazze ai due uomini e il direttore, prima di prendere la sua, aiutò l'amico a bere qualche sorso della bollente bevanda. Notò che gli aveva rimesso gli occhiali. I minuti trascorsero, lenti. Fuori la pioggia continuava a imperversare. Finalmente, il direttore parlò.

- Allora, Enzo, cosa è successo? - chiese con tono fra il preoccupato e l'arrabbiato, di chi sa che la domanda è superflua, che chi la riceve dovrà essere sgridato.

Il signor Enzo guardò prima Elena e le sorrise, mesto, poi si rivolse al direttore.

- Ieri sera è andata male. Il proprietario del negozio è tornato improvvisamente, ci ha trovati. Ha sparato e io sono rimasto ferito. Riccardo mi ha afferrato e siamo fuggiti - sintetizzò, abbassando lo sguardo. A Elena sembrava di vivere un incubo, continuava a non capire.

Il direttore a quel punto ebbe pietà di lei.

- Sarà meglio che spieghiamo a questa povera ragazza cosa sta succedendo - chiese all'amico - Va bene? Ti fidi? Comunque a questo punto non abbiamo scelta - si rispose da solo - Elena, ho la sua parola che quanto le diremo non uscirà dalla sua bocca? Anche se così facendo andrà contro la legge. Glielo posso chiedere? - disse rivolgendosi a Elena, sembrava una preghiera.

- Si, va bene. Ha la mia parola - rispose sempre più confusa la ragazza

- O se deciderà di non farlo, le chiederò solo un po' di tempo - le propose.

Elena annuì.

- Enzo è uno dei rapinatori di gioiellerie che da un po' di tempo colpiscono in zona - disse in un soffio - ha altri tre complici e un quarto occasionale - prese tempo, abbassò la testa - io. -

Elena rimase muta, la mente come ovattata.

- L'altra sera mi ha chiamato Gaetano - Riprese il signor Enzo, facendosi coraggio - Dopo che lei è andata via, Elena - precisò guardando la ragazza - Voleva fare il colpo la sera dopo, solo io, lui e Riccardo. Disse che saremmo bastati, che i proprietari, che abitano sopra il negozio, sarebbero stati via, era un'occasione d'oro. Non ho saputo replicare, anche se uno strano presentimento mi diceva di lasciar perdere. E così la notte successiva ci siamo trovati tutti e tre al solito posto e siamo partiti per Novara. Ma è andata male. A casa c'era il figlio dei proprietari, ci ha sorpresi in negozio. Non abbiamo avuto il tempo per nulla, ci ha sparato e io sono rimasto ferito. Siamo comunque fuggiti e io ho ripreso la mia auto e ho guidato a fatica fino a casa. Riccardo e Gaetano sono fuggiti dicendo che mi avrebbero mandato un medico. Io mi sono rintanato in casa, la ferita non sembrava così brutta ma sono passate troppe ore e ho perso molto sangue. Per tutto il giorno ho sperato che arrivasse qualcuno, fino a questa sera quando è entrato questo angelo - sorrise debolmente a Elena.

- Devi fuggire, Enzo - disse perentorio il direttore - Subito. -

Il signor Enzo guardò il direttore, interrogativo.

- Elena, lei ha la patente? - chiese il direttore alla ragazza

- Si - fu l'unica cosa che Elena riuscì a dire.

- Le chiedo una cosa alla quale lei potrà rispondere no, ma lo deve fare subito. Sarebbe disposta a portare Enzo fino in Svizzera? In auto sono meno di due ore di strada. Là abbiamo un amico che lo potrà accogliere. Se non vorrà farlo, lo accetterò senza riserva alcuna, solo, la prego di darmi qualche ora di tempo per pensare a un'altra via d'uscita. Non mi piace che Riccardo e Gaetano non si siano più fatti vivi, e poi c'è l'altro complice, dobbiamo controllare cosa sa. Abbiamo bisogno di un po' di tempo. Dopo, lei potrà denunciarci e avrà la coscienza libera. Se ci aiuterà, il rimorso potrebbe perseguitarla per tutta la vita. So di chiederle una cosa enorme, lei è una ragazza giovane, ma se ci dovesse aiutare sarà ben ricompensata. Sappia che, comunque, non abbiamo mai fatto del male a nessuno. Non abbiamo giustificazioni, la nostra unica colpa è quella di amare i gioielli. Deve prendere la sua decisione immediatamente -.

Elena guardò i due uomini, le sembrò inconcepibile che il direttore, apparentemente così ineccepibile, potesse anche solo pensare di rapinare qualcuno e il signor Enzo, poi, così dolce, non se lo vedeva proprio nei panni spietati di un malvivente. Ma la mente deve contenere meandri imperscrutabili, ognuno di noi è un mondo, il bene e il male sempre in lotta nelle nostre coscienze.

- Accetto - disse alla fine, sorprendendosi di quella decisione, così poco accorta.

- Bene, allora vado a recuperare una macchina. Partirete subito - disse con un gran sospiro di sollievo il direttore. Si alzò e fece un piccolo, goffo abbraccio alla ragazza. Uscì dalla casa, inghiottito dal buio della notte.
Rimasta sola con il signor Enzo, Elena lo guardò, le girava la testa.
- Povera ragazza, mi dispiace - le disse l'uomo - Ti ricompenseremo. Nella mia casa sull'isola ho un vero e proprio tesoro. Ti darò istruzioni quando le acque si saranno calmate -.
Elena ebbe l'impressione che un altro pezzetto del puzzle di quella intricata vicenda si stesse mettendo al suo posto. Un dèjà-vu improvviso la riscosse.
- Lei ha una casa sull'isola? - chiese
- Si e lì ho la mia parte di refurtiva. -
- Io questa mattina ho visto Carlo, il ragazzo che fa il servizio del battello per conto del ristorante, uscire da una casa di uno dei vicoli dell'isola, con un grosso involucro, una specie di sacco. E aveva decisamente fretta - e spiegò all'uomo dell'accaduto della mattina, della telefonata che il ragazzo aveva ricevuto, della sua improvvisa fretta.
Il signor Enzo la ascoltò con tristezza.
- Allora di tesoro non ne ho più. Ecco perché non è arrivato il medico, oggi. I miei complici mi hanno tradito, hanno mandato Carlo, l'altro complice che però ieri sera non c'era, a prendere la refurtiva e sono scappati. Avranno pensato che morissi qui, da solo. O magari stanno pensando di tornare a finirmi, anche se non credo, nessuno di noi è un assassino, siamo solo ladri e il mio era un bel bottino, faceva gola -
Il direttore tornò e fu messo al corrente della nuova, improvvisa, complicazione della vicenda.
- Dobbiamo sbrigarci - disse, allarmato - Per ora mettiti in salvo tu, Enzo. Poi penserò a me. Ecco le chiavi della macchina e l'indirizzo di Ascona dove il nostro amico vi sta già aspettando. Dovete partire subito, la macchina è

qui fuori. La sera di pioggia ci aiuta, non c'è nessuno in giro. Presto, andate. Alla casa penserò io -
Si alzarono.
- Vado a prendere la borsa - disse Elena, come un automa. Uscì e corse a casa sua, afferrò la borsa e in un attimo fu in auto. Non pioveva più così forte come prima. Il direttore aveva aiutato il signor Enzo a sedersi sul sedile posteriore. Le porte furono sbattute. Ma prima di salutarli, guardò Elena attraverso il finestrino appannato. La ragazza azionò il comando di discesa del vetro, aprendolo per metà. L'acqua le bagnò il viso. Quello del direttore era pallido come un fantasma, sullo sfondo del lampione della strada.
- Non so come ringraziarla. Le consiglio di fermarsi almeno una notte in Svizzera. Quando è a posto mi chiami, ecco il numero del mio cellulare. Parleremo di tutto - e la salutò con un grande, tristissimo sorriso.

Sabato

Il viaggio non ebbe intoppi, persino la pioggia, fuori dalla galleria che sbuca sul lago Maggiore, cessò. Elena guidò con cautela, era troppo agitata per correre. Dietro, il signor Enzo dormiva. La strada costeggiava il lago fino al confine, dove nessuno li fermò. Non era più come una volta, quando lunghe file di auto spesso occupavano la strada che attraversava la linea immaginaria fra l'Italia e la Svizzera. Giunsero ad Ascona che albeggiava. L'indirizzo che il direttore le aveva dato corrispondeva ad una villetta, fuori città. Ne uscì un uomo molto distinto con la giacca aperta da cui si intravvedeva la tenuta da notte, aprì il cancello e fece entrare l'auto nel cortile. Prese quasi in braccio il signor Enzo, che si era svegliato con l'aria fresca. Pallidissimo, si era abbandonato nelle braccia dell'uomo ma, rendendosi conto del presente, si agitò, facendo capire al suo soccorritore che voleva parlare con Elena. Ma l'unico suono che uscì dalla sua bocca fu un - *Grazie...* - mentre le afferrava la mano, con la sua, debolmente.

Elena abbracciò d'impulso quello strano vecchietto, con il quale aveva condiviso solo una cena ma per il quale, suo malgrado, stava cominciando a provare un tenero affetto. Si scossero. Si salutarono e tutto finì in un attimo. Il cancello si riaprì e lei dovette fare manovra con l'auto velocemente. Il padrone di casa le aveva fatto capire di non perdere tempo. Si fermò un centinaio di metri più avanti, aprì la mano sinistra, dove aveva sentito che il signor Enzo aveva lasciato qualcosa di freddo. Fu con le lacrime agli occhi che vide nel palmo della mano l'anello con la pietra rossa. Scoppiò in lacrime.

Lunedì

Il sole era caldo. Elena se se stava sul balcone della sua casa di Orta. L'isola era una meraviglia. Era il suo giorno libero. Ma ormai il suo contratto di lavoro stava scadendo. Pochi giorni dopo sarebbe ritornata a casa. Ogni volta che ripensava a quella pazzesca avventura si sentiva elettrizzare. Aveva fatto una cosa disonesta, in fondo. Quando era ritornata dalla Svizzera, tre giorni dopo, come da indicazioni datole dal direttore, aveva appreso dallo stesso che Carlo era scappato con la refurtiva, insieme ai complici. Se nessuno avesse parlato non sarebbe successo nulla, avevano tutti interesse a tacere. Nessuno avrebbe potuto ricondurla ai fatti legati alla sparizione del signor Enzo, né tanto meno alla vicenda delle rapine, che improvvisamente erano cessate, come aveva fatto notare un articolo di giornale pubblicato qualche tempo dopo, cercando di dare ipotetiche spiegazioni. Lei e il direttore parlarono a lungo di quanto accaduto solo nei primi giorni, poi, per tacito accordo, non ne fecero più parola. Quando si incontravano nella hall dell'hotel si guardavano senza nulla far trapelare. Ma Elena avrebbe giurato che l'uomo la guardava con ammirazione e riconoscenza. A Orta la voce che girò fu che il signor Enzo aveva raggiunto la figlia a Londra. Con il tempo la gente avrebbe dimenticato. La casa era stata chiusa. Elena guardava spesso quelle persiane sbarrate. Solo quel micio bianco e nero passava ogni giorno con il suo passo felpato nel piccolo giardino, sbirciava, annusava, andava oltre. Sembrava conoscere la verità.

Anche in paradiso si può morire

Emma

Se dalla frazione Crabbia di Pettenasco si scende per la strada che conduce alla Provinciale del lago d'Orta, questa, dapprima stretta e pianeggiante, scarta a sinistra in una brusca discesa e, costeggiate poche case e ripidi prati attraversati dalla ferrovia, improvvisamente si spazia con la vista verso il borgo di Ronco. Il grappolo di case immerso nel verde della sponda più selvaggia del lago, adagiato sull'acqua e contornato dagli alberi che da questa prospettiva offrono la migliore delle cornici, è una spettacolare visione, che cambia con sfumature e atmosfere a seconda della stagione. Severa e spoglia in inverno, illuminata dal primo sole in estate, passando per il luccichio festoso della primavera e, forse il più bello, per il dorato delle montagne rispecchiate nel lago dipinto dal calore dei raggi solari, in autunno. Nemmeno le giornate di brutto tempo riescono a scalfire la bellezza del paesaggio, donandone un'atmosfera malinconica quando la nebbia copre il borgo o la pioggia lo travolge, vigorosa quando il vento scuote la natura, riposante quando la coltre di neve vi si adagia. Lasciato il punto più alto della collina, ci si rituffa fra gli alberi e Ronco, nascosto in quel breve passaggio, a parte una fuggevole comparsa dal ponte che scavalca la ferrovia della linea Vignale-Domodossola, ecco che riappare quando si giunge sulla strada che costeggia il lago e il piccolo borgo è ora visto da una prospettiva molto diversa: con l'acqua in primo piano, pare di toccarlo con un dito.

Emma si sentiva privilegiata quando pensava che poteva godere di una tale gratuita bellezza ogni volta che, dalla sua casa, scendeva da quella strada, soprattutto quando, al mattino, sfrecciava in auto davanti a quello scorcio per recarsi al lavoro: l'ora era delle migliori per godere del paesaggio. Quel giorno, però, le cose andarono diversamente.

Era una mattina piovosa di un lunedì di giugno. L'umore di Emma non era dei migliori, faceva freddo per la stagione e l'idea della noiosissima riunione a cui avrebbe dovuto partecipare non la aiutava. Il fiume impetuoso nella mente, ancora confuso come sanno essere i pensieri che, rompendo gli argini del sonno, si affacciano nella nostra coscienza dopo il risveglio, la distraeva dalla guida. La domenica non era stata un gran che, Anna era venuta a trovarla ma l'acquazzone della sera aveva fatto decidere all'amica di non rimanere per la notte come previsto e lei aveva dovuto portarla di corsa a prendere l'ultimo treno. Le era dispiaciuto e, poi, quegli stupidi ragazzi che schiamazzavano sulla banchina della stazione l'avevano innervosita. Stava ripensando a tutto ciò quando, appena svoltata la curva, la sua giornata cambiò prospettiva.

La strada, in quel punto, si stringe e il passaggio di due auto è faticoso ed Emma rallentò, ma di poco, perché non le sembrò di vedere sopraggiungere altri veicoli. La figura le si parò davanti all'improvviso, il piede della ragazza si spostò istintivamente sul pedale del freno, provocando all'auto una brusca sbandata verso sinistra, direzione che diede al volante con un meccanico ordine che il cervello, registrato il pericolo, aveva stabilito. Ordine che si rivelò provvidenziale, perché l'ostacolo proveniva da destra e il cambio di direzione della macchina ne evitò il completo travolgimento. La frenata fu immediata ed Emma per poco non andò a sbattere contro il cancello di una casa. Si ritrovò ferma, il tergicristalli che ritmava quell'attimo inverosimile. Per un lungo momento non ebbe la consapevolezza del presente ma il tonfo che arrivò sordo sulla portiera della macchina la riportò alla realtà. Si scosse e vide la figura sbracciarsi picchiando sul finestrino dell'auto, gli occhi sbarrati, la bocca che si muoveva per proferire parole che le arrivavano attutite dal vetro. Annaspò per afferrare la levetta della portiera.

Un'ora più tardi, un capannello di persone, fra cui Emma e la donna che così violentemente aveva intercettato il suo passaggio, stazionava incredulo a fianco di una volante della Polizia, nel tratto di strada accanto al ponte di sovrappasso della ferrovia, mentre, più sotto, vicino alle rotaie, si scorgeva il corpo di una donna. Il cadavere, perché di questo ormai indiscutibilmente si trattava, giaceva fra le rotaie e la vegetazione, abiti scuri dalla stoffa inzuppata lo avvolgevano e il viso, contornato da una chioma di capelli appiccicati alla testa, era rivolto immobile verso il cielo. Routine di spiegazioni si erano susseguite fra Emma, Veronica, questo era il nome della sua casuale compagna di sventura, e gli agenti accorsi sul posto. Ma dopo un paio d'ore, date le loro generalità e recapiti, erano state congedate. Le due donne, scosse dall'accaduto, decisero di stare ancora un po' insieme. Emma avvisò l'ufficio che quel giorno proprio non se la sentiva di presentarsi al lavoro, al diavolo la riunione. Tornò a casa con Veronica. La ragazza era veramente sconvolta. Emma le prestò degli abiti asciutti al posto dei jeans e maglietta bagnati ed entrambe, tazze di caffè alla mano, si sedettero sul divano del salotto. La giornata si era illuminata e un caldo sole faceva risplendere il lago, che dalla casa di Emma si vedeva bene, con il promontorio di Orta S.Giulio sulla sinistra e, di fronte, sull'altra sponda del lago, Pella.
"Che brutta faccenda, Dio mio!" disse Veronica, tremando, mentre ricordava con la paura negli occhi come, quella mattina, correndo lunga la strada di Crabbia, si era fermata al ponte a riposarsi e, scorgendo qualcosa accanto alle rotaie, si era sporta di più, vedendo il cadavere. Poi la corsa e l'intercettazione con l'auto di Emma.
"Si, hai ragione" rispose Emma "mi sono impressionata

anch'io, a vedere quella povera ragazza e quello sguardo fisso... non lo dimenticherò mai!"

"L'avranno uccisa?" chiese Veronica tremando.

"Domani si saprà dai giornali" stabilì Emma.

Le due donne stettero insieme fino a mezzogiorno quando, un po' a malincuore, si salutarono. Veronica non accolse l'invito di Emma di accompagnarla alla sua auto, disse che l'aveva parcheggiata poco lontano.

"Non è un po' fuori mano da Borgomanero venire a Pettenasco a correre?" le chiese incuriosita Emma, ricordando l'indirizzo che la ragazza aveva dato come recapito alla Polizia.

"Pettenasco mi piace molto, ci vengo anche se devo fare qualche chilometro" spiegò con voce ancora piena di ansia la ragazza "Il mio lavoro di catering mi lascia del tempo libero e così ne approfitto" e così dicendo, Veronica si alzò, congedandosi.

Emma trascorse una strana giornata. Aveva sempre pensato di vivere in paradiso, in quel paese sul lago dove l'idea della morte non l'aveva mai sfiorata, ma ora si era resa conto che anche in paradiso si può morire. Si sentiva come un funambolo sospeso nell'aria, così come la sua mente era in bilico fra l'ansia e la ricerca di un particolare che aveva la sensazione di avere visto ma che ora le sfuggiva.

"Il giallo di Pettenasco" era il titolo della notizia riportata sulle pagine locali del quotidiano il giorno successivo, con la foto scattata sul luogo e Emma si riconobbe fra le persone fotografate quella mattina. La donna trovata morta si chiamava Maria Rondolini ed era di Gozzano, 25 anni, nubile, viveva sola. La perfetta descrizione di una persona con una vita normale. Ancora niente circa la causa della morte, che doveva essere avvenuta diverse ore prima del ritrovamento. Di certo c'era che la ragazza era morta a seguito della caduta, i segni sul corpo erano quelli provocati dal suo disperato aggrapparsi a rovi e arbusti. L'autopsia avrebbe rivelato di più, per ora le ipotesi erano tutte aperte, omicidio, forse, ma si andava cauti, non si escludeva il suicidio o, addirittura, una caduta accidentale, anche se la stradina da cui la ragazza era scivolata non era adatta per una passeggiata.

Nei giorni seguenti Emma e Veronica si sentivano spesso e una sera si trovarono a bere un caffè a Orta. Sedute ad un tavolino del bar Venus, con vista sull'isola di San Giulio, le due ragazze continuavano a tornare alla macabra vicenda che le aveva fatte incontrare. Veronica sembrava la più scossa.
"Poveretta!" ripeteva, sembrava avesse voglia di piangere.
"Si, povera ragazza!" la assecondò "Magari è stato un incidente, o si è suicidata..."
"No! Non è possibile!" disse Veronica, quasi presa dal panico.
"Cerchiamo di non pensare più a questa triste vicenda. Noi non possiamo fare nulla" disse Emma, e cambiò argomento. Francamente, le sembrò che Veronica se la prendesse un po' troppo a cuore, doveva essere molto emotiva, in fondo quella ragazza per loro era una perfetta sconosciuta, pensò.
Più tardi si lasciarono al parcheggio di Orta.

Un giorno, in ufficio, Emma scorse le notizie sul giornale dove, in un articolo sul "giallo di Pettenasco", si riportava come più consolidata l'ipotesi dell'omicidio. La ragazza aveva subito una lotta prima della caduta. Le vennero i brividi. Chissà se Veronica aveva già letto la notizia! Non fece in tempo a pensarlo che l'amica la chiamò con una voce da oltretomba. Con la scusa del lavoro, Emma tagliò corto, quella ragazza le metteva davvero l'ansia. La sera, a casa, mentre stava seduta in giardino con il gatto in grembo a godersi la vista del lago argentato dalla luce della luna, Emma fu presa da uno strano impulso e, con una nota di vergogna, rientrò in casa e, acceso il computer, digitò il nome della sventurata ragazza sul portale di quel diabolico strumento web, dove tutti si fanno i fatti di tutti: lo schermo si riempì di foto della donna che lei aveva incontrato una sola volta, morta. Di ben altra portata erano le immagini di lei in vita, lo stesso viso, sorridente, riprodotto in varie situazioni, con amici, sola in spiaggia, il consueto repertorio. Poche erano le informazioni personali, età 25 anni, lavoro saltuario, "mi piace" su link di libri, film, un servizio di cattering, una catena di negozi. I visi degli amici, alcuni ricorrenti, accanto a lei in allegre tavolate. Si, decise Emma, era stata veramente una bella ragazza, i lunghi capelli scuri, gli occhi blu. Di conquiste maschili ne aveva di sicuro fatte, nella sua breve vita. Emma chiuse il portale, mandando con un soffio un bacio a Maria.

Le giornate si stavano facendo calde e l'estate, a Pettenasco, esplose in tutta la sua potenza l'ultima domenica di giugno. Emma decise di andare a prendere il primo sole della stagione e mandò un messaggio a Veronica, invitandola al lago. L'amica accettò e così Emma, verso le dieci, armata di asciugamano, crema solare e libro, scese a piedi dalla sua casa verso il lago, dove aveva appuntamento con Veronica. La giornata era splendida ed Emma si lasciò catturare dall'azzurro del cielo che illuminava il paese adagiato lungo la sponda, mentre i turisti già numerosi se ne stavano seduti fuori dai bar e le barche sfrecciavano allegre sull'acqua. Arrivata alla spiaggietta alla foce del fiume che getta le sue acque in quelle del lago, la ragazza si sistemò, libro alla mano. La concentrazione però non era possibile mantenerla, troppa gente intorno e troppe conoscenze. Veronica era in ritardo. Strano, pensò, consultando il cellulare per vedere se l'amica le avesse scritto. Nulla. A mezzogiorno stava parlando con l'ennesima persona, una signora che un tempo faceva le pulizie a casa sua, la quale non aveva perso il vizio di buttarsi in lunghi monologhi che nessuno ascoltava, quando lo sguardo fu catturato dal ragazzo. Se ne stava seduto su un sasso, ai margini della spiaggia, con i piedi nell'acqua. Non era del paese e, per essere un turista, aveva l'aria alquanto cupa. Magro, pallido, lo sguardo verso il lago, come se stesse aspettando una qualche imbarcazione, naufrago che attende la scialuppa di salvataggio. Emma, guardando al di sopra delle spalle della sua interlocutrice, poteva vederlo bene e qualcosa la disturbò subito. Non le sembrava di conoscerlo, ma un barlume di memoria nella sua mente le diceva che non era la prima volta che lo vedeva, o forse assomigliava semplicemente a qualcuno che conosceva. Fu il girarsi con la testa e quindi dello sguardo di lui che, malgrado il caldo della giornata, le fece venire un brivido alla schiena. Gli occhi, seppur lontani, la guardarono per un istante, il tempo di far scorrere lo sguardo oltre lei, ma questo bastò per spaventarla. Emma salutò frettolosamente la donna che le stava parlando e andò verso l'asciugamano, cercando riparo dietro il libro. Da lì, guardando di sottecchi il ragazzo, lo vide muoversi e avviarsi senza fretta verso la passeggiata lungo il lago e oltrepassare il ponticello di legno che scavalca la foce del fiume. In breve fu fuori dalla sua vista. Emma dovette appoggiare il libro e aspettare che il respiro le riprendesse regolare. Ormai la calma se ne era andata e decise di andare via. Scrisse un messaggio a Veronica dicendole che non si sentiva bene e che sarebbe andata a casa. Raggiunse la Provinciale, evitando il lungo lago, non voleva proprio trovarsi di fronte quello strano ragazzo. Che stupida! Era uno qualunque, uno che probabilmente soggiornava al campeggio. Sì, doveva essere così, si era avviato in quella direzione e di sicuro ora se ne stava davanti alla sua tenda a ridere con i suoi amici, anche se, per la verità, non aveva l'aria di uno con tanta voglia di scherzare. Emma arrivò a casa e decise di mangiare qualcosa. Si fece un'insalata e si sedette in giardino, ma la calura di quell'ora del giorno era troppo pesante e l'ansia si era ormai impadronita di lei. Che diamine di giornata! Era cominciata così bene e adesso, uno strano ragazzo e lei sguazzava nell'angoscia.

Entrò in casa e si avviò alla doccia. La suoneria del cellulare la bloccò prima di entrare oltre la porta a vetro della cabina. Il nome di Veronica comparve sul display.

"Cosa è successo?" la apostrofò.

"Scusa, ho avuto un problema alla macchina e ho preferito tornare indietro" rispose Veronica.

"Mi dispiace" disse Emma "Stai bene?" si sentì in dovere di aggiungere, l'amica le sembrava scossa.

"Si, sto bene, grazie. Magari vado un po' a correre" disse Veronica, poco convinta.

"Ci vediamo più tardi, ok?" le propose Emma.

"Si, magari. Ti chiamo dopo" concluse la telefonata Veronica. Emma avrebbe giurato che era prossima alle lacrime. Che tragica! Pensò.

"Ciao, a dopo" aggiunse a voce alta.

L'acqua le scaldò la pelle e l'animo, fece durare la doccia parecchi minuti.

Fu nel preciso istante in cui girò la manopola del rubinetto che un particolare di quegli strani giorni la colpì come una frustata. E un ricordo le affiorò nella mente.

Marco

Il treno doveva essere ormai in arrivo. La sera era cupa, o forse era l'animo di Marco ad esserlo, ansioso di lasciare quel malefico paese sul lago d'Orta dove quel giorno era stato costretto a recarsi, incontro a Maria. La ragazza vi era venuta a lavorare, - per racimolare qualche soldo - aveva detto, al servizio di catering avevano bisogno di un sostituto per il matrimonio che si sarebbe svolto in una villa di Pettenasco. L'idea era di sostituire Elisa, senza dire niente a nessuno, bastava che il lavoro fosse fatto. Lui avrebbe potuto raggiungerla in treno, così sarebbero stati insieme alla sera, il posto era bello, adatto per una passeggiata, una pizza. E lui, stupido, si era lasciato convincere, così alle quattro del pomeriggio di quella domenica di inizio estate, insolitamente fredda per il periodo, era sceso alla stazione e si era avviato alla villa. Non era lontana, una decina di minuti a piedi e aveva oltrepassato il cancello. La grande casa era davvero bella, in alto rispetto alla strada, la vista sul lago bellissima, anche se non particolarmente aperta, si aveva di fronte la sponda più cupa, con la frazione Ronco che faceva da guardia. Il parco ricco di piante pregiate, lungo il viale di accesso statue di gusto classico. Gli invitati dovevano essere a tavola, dato il rumore di chiacchiere e stoviglie che si percepiva arrivare dall'interno. Marco aveva girato dietro la casa alla ricerca di Maria. L'aveva trovata affaccendata ma felice di vederlo. Gli aveva detto che di lì a un'ora avrebbe finito, erano anche in troppi a lavorare, gli aveva messo in mano un piatto di cibo dicendogli di aspettarlo. Alle cinque e mezza Maria lo aveva raggiunto e si erano defilati. Aveva cominciato a piovere e di passeggiare per il paese non se ne parlava, avevano percorso quindi poca strada e preso per un viale alberato, doveva essere una proprietà privata, ma una panchina sotto un glicine li aveva invogliati a trovare riparo. Un'ora era trascorsa tranquilla, avevano chiacchierato e mangiato ancora dei residui di dolci che Maria si era portata appresso. Poi, quella poco accorta frase di lei, che diavolo, lo aveva offeso! Non era vero che lui si faceva mantenere da suo padre, stava studiando, poi sarebbe stato indipendente. Era andato su tutte le furie, chi credeva di essere, lei, che lavorava come precaria. Maria si era alzata, arrabbiata, e si era avviata speditamente verso la villa, voleva tornare a casa con gli altri, che si arrangiasse, lui, che tanto viveva di espedienti. Marco non ci aveva visto più, l'aveva rincorsa, erano arrivati al ponte sulla ferrovia, pioveva ancora più forte, lei aveva imboccato una stradina verso il bosco, Marco l'aveva raggiunta, che la smettesse di fare scenate, ma la ragazza era diventata una furia, lui di più, la lotta era stata breve ma feroce. La caduta di lei, giù, fino ai binari, improvvisa, inaspettata. Marco era rimasto immobile, inebetito. Si era guardato intorno: nessuno. Era corso via, aveva raggiunto la stazione. L'ultimo treno sarebbe arrivato alle otto, lo sapeva perché lui e Maria avevano programmato di prendere quello per ritornare a casa, Gozzano per la ragazza, Novara per lui.

Ed ora, eccolo lì, in quella sperduta stazione. Non dovevano vederlo, ma la pioggia rendeva poco visibile la sua figura rannicchiata nella felpa nera, il cappuccio alzato. Per fortuna un gruppo di ragazzi superò il cancelletto della stazione e si fermò sulla banchina, facendo un gran chiasso. Poi arrivò il treno, mentre due ragazze giungevano di corsa. Una salì, l'altra rimase a terra, agitandosi per salutare l'amica, ostacolata da quel gregge disordinato di ragazzi che saliva rumorosamente sul treno.

Lui salì dalla porta in fondo. Seduto nell'ultima carrozza, lo raggiunse la ragazza arrivata di corsa che, abbassato il finestrino, si mise a parlare con l'amica rimasta sulla banchina. Innervosito, Marco si alzò per cambiare di posto. Il cappuccio della felpa gli scivolò dalla testa, scoprendo per pochi istanti il suo viso. Accidenti! Pensò mentre si guardava intorno allarmato, le due ragazze cercavano di dirsi qualcosa in mezzo al chiasso e a Marco parve che quella sulla banchina lo stesse guardando. Fu un attimo. Cambiò di carrozza, si sedette facendosi piccolo sul sedile, fino a Novara. Arrivò a casa e si chiuse in camera sua, la notte la passò agitata, così come tutto il giorno successivo. Poi, la mattina dopo, lesse la notizia su internet. Dagli articoli di giornale che davano risalto a quello che era stato battezzato "Il giallo di Pettenasco" sembrava che si pensasse addirittura a un incidente. Bene! Lui e Maria non erano insieme ufficialmente, poche volte aveva incontrato amici di lei, nessuno avrebbe pensato a lui. Delitto, anche se involontario, perfetto. Ma la sua sicurezza durò poco, scorrendo i vari articoli, un particolare lo fece trasalire: una foto sulle pagine locali riportava la scena del delitto, il capannello di persone sul ponte della ferrovia, la mattina del ritrovamento del corpo di Maria, e, in primo piano, proprio lei, quella maledetta ragazza vista alla stazione! Cosa ci faceva lì? E il cervello di Marco cominciò a lavorare.

Emma

Emma uscì dalla doccia, il cui beneficio era ormai svanito. Si asciugò velocemente e andò al computer, si connesse a internet e aprì la pagina di Facebook. Richiamò il nome di Maria e scorse i volti nelle fotografie, fra gli "amici" della ragazza. Eccola là: Veronica, seduta ad una lunga tavolata, si vedeva poco, ma la mente fotografica di Emma le permise di collegare le fisionomie. E poi, quel particolare non faceva che dare più peso ad un altro, che avrebbe dovuto notare subito: la mattina che Veronica aveva visto il cadavere lungo le rotaie, indossava jeans e maglietta, non era certo una tenuta da jogging! Che cosa voleva dire? Cosa doveva fare adesso? Affrontare Veronica? Emma tremava. Si vestì e pensò di uscire, non poteva restare a casa. In quel momento suonò il cellulare, era Veronica. Senza riflettere, Emma rispose.
"Emma, pensavo…" sentì la voce piagnucolosa di quella strana ragazza e fu presa da un impeto di rabbia.
"Ma a che gioco stai giocando?" si sentì suo malgrado dire "Tu Maria la conoscevi! Non negare, ho visto una tua foto su Facebook, con lei ed altri ragazzi, seduti a tavola."

Una specie di urlo strozzato fu la risposta.

"E poi, non è vero che facevi jogging, quella mattina! Indossavi jeans e maglietta, come ho fatto a non pensarci prima? È meglio che mi dici la verità" disse decisa.

"Sì, scusami..." rispose Veronica in un soffio, il pianto nella voce "La conoscevo da qualche mese. Avevamo lavorato insieme alla villa, al servizio di catering per un matrimonio, il giorno prima della sua morte. Glielo avevo chiesto io, di sostituire una ragazza, avrebbe guadagnato qualcosa. Poi lei se ne era andata, diceva che un ragazzo era venuta a prenderla, faceva la misteriosa, non era una che parlava tanto delle sue cose. Io lui non l'ho visto..." e scoppiò in un pianto rumoroso.

"E poi?" la incalzò Emma.

"Poi, niente... non l'ho più sentita. Le ho scritto diversi messaggi quella sera e non ho ricevuto alcuna risposta. Ho provato a chiamarla, ma la segreteria mi diceva che non era raggiungibile. Era strano, neanche un messaggino! La mia casa non è lontana dalla sua, la mattina dopo sono andata a cercarla, molto presto. Non l'ho trovata e così ho deciso di tornare a Pettenasco. Era una follia, poteva esserci una qualsiasi spiegazione logica, ma non era il tipo da stare in giro la notte, continuavo a pensare che doveva essere successo qualcosa. Il resto lo sai..."

Emma ascoltava la voce di Veronica, il telefono incollato all'orecchio.

"Ma perché non me lo hai detto?"

"Non lo so, Emma, credimi. Quando l'ho vista morta non ho capito più niente e dopo ho pensato che mi avresti presa per una stupida... ma, poi... oggi è successa un'altra cosa" e Veronica si interruppe.

"Cosa?" diavolo d'una misteriosa ragazza! Pensò Emma

"Cosa è successo?"

Ma il telefono si spense, come solo quei malefici apparecchi sanno fare, morto inesorabilmente per mancanza di carica.

Emma corse in salotto dove aveva lasciato la borsa e, presa convulsamente la spina elettrica, collegò, sempre più agitata, il telefono alla batteria. Non appena avvertì la connessione, richiamò il numero di Veronica. Ma dall'altra parte nessun segnale.

Marco

La luminosa mattina di quella domenica di giugno aveva accolto Marco alla stazione di Pettenasco. Ma la mente del ragazzo non era predisposta alla bella giornata d'estate, altri pensieri la occupavano. Temeva che Emma lo avesse visto, quella sera, e che fosse solo questione di tempo, che prima o poi ne avrebbe parlato con la Polizia. Ormai sapevano che Maria era stata uccisa, sarebbero andati a cercarlo, a chiedergli spiegazioni. Lui non avrebbe retto e sarebbe finito in prigione. Alla vista di quella maledetta stazione gli erano venuti i brividi, ma doveva fare in modo che Emma non potesse parlare mai, doveva liquidare quella faccenda in fretta. Aveva cercato la casa della ragazza e l'aveva trovata, ma lei non c'era. Troppo nervoso, aveva deciso di spostarsi da lì, con l'idea di ritornare più tardi. Aveva camminato fino al lago e poi si era seduto accanto all'acqua. Era stato un vero choc quando l'aveva vista! Eccola là! I loro sguardi si erano incrociati per un attimo. Marco era riuscito a rimanere calmo e si era allontanato, cercando di sembrare il classico turista senza una meta precisa. Ma lui lo sapeva bene, dove andare.

Veronica

Veronica, quella domenica mattina, aveva parcheggiato l'auto in prossimità dell'hotel situato all'entrata di Pettenasco, un vero colpo di fortuna. Era scesa verso il lago, dove aveva appuntamento con Emma. La spiaggetta alla foce del fiume era già affollata di gente. Si era appostata all'ombra per cercare con lo sguardo l'amica, quando l'aveva vista che parlava con una donna. Aveva mosso un passo verso il sole quando lo aveva visto. Era là, seduto su di un sasso con i piedi nell'acqua. Era quel ragazzo che aveva incontrato a quella cena, pochi mesi prima, dove aveva conosciuto Maria! Se lo ricordava bene, taciturno e un po' in disparte, a bere birra. E se fosse lui il misterioso ragazzo di Maria? E... se fosse l'assassino? Veronica indietreggiò, seguendo la scena, le sembrò che ad un tratto lui ed Emma si guardassero. La ragazza le era apparsa spaventata, mentre lui si era alzato ed era venuto nella sua direzione. Allora Veronica si era fatta prendere dal panico ed era corsa via. In un attimo era salita in macchina e si era avviata sulla Provinciale. Guidando in direzione di Gozzano, pensava convulsamente. Cosa voleva dire tutto questo? Perché quel ragazzo era là, a Pettenasco e... sembrava guardare... Emma. Ma, Emma non poteva conoscerlo. Era forse in pericolo? Si fermò in una piazzola per chiamare l'amica. Rovistò nella borsa. Accidenti! Aveva lasciato a casa il telefono. Riprese la guida e in poco tempo fu a casa. Di nuovo in possesso del cellulare, stava per comporre il numero di Emma, ma si fermò. Cosa poteva dirle? Lei, che le aveva mentito fino a quel momento. Avrebbe dovuto confessare che Maria era sua amica. Aveva deciso di aspettare. Sfinita dalla tensione, si era addormentata sul divano. Si era svegliata che era già pomeriggio e, presa dal rimorso di non avere neanche avvisato Emma del motivo del suo mancato arrivo all'appuntamento, l'aveva chiamata. Non aveva avuto il coraggio di dire nulla, aveva rimandato alla sera. Sarebbero potute uscire per un gelato e le avrebbe spiegato tutto con calma. Avrebbero deciso insieme se era il caso di avvisare la Polizia, loro avrebbero potuto investigare sul ragazzo. Aveva mangiato qualcosa poi aveva ricomposto il numero di Emma, agitata. Improvvisamente voleva vederla subito. Ma Emma l'aveva assalita! L'aveva scoperta! Così aveva dovuto confessare tutto. Ma, mentre stava per dirle del ragazzo, la comunicazione si era interrotta. Accidenti! Presa da uno scatto d'ira, aveva scaraventato il telefono a terra, spaccandolo. Così era uscita di casa e salita in macchina, decisa ad andare a casa di Emma.

Emma, Veronica, Marco

Emma imprecò contro Veronica. Cosa era successo oggi? Cosa voleva dirle? Provò più volte a richiamarla, ma non era raggiungibile. Giunse in garage ma si ricordò che la sera prima aveva lasciato l'auto fuori, la raggiunse e afferrò la maniglia, che si abbassò docile. Strano, pensò, le sembrava di averla chiusa. Per poco non cadde quando il suo gatto le tagliò la strada. Sembrava terrorizzato, il pelo della coda gonfio. Salì in auto, uno strano odore la avvolse, accidenti, ho lasciato il finestrino aperto e diavolo di un animale è entrato, pensò. Lanciò un'occhiata al sedile posteriore, una coperta era gettata sulle cianfrusaglie che lei era solita lasciare. Erano le quattro del pomeriggio e il cielo terso del mattino si era trasformato in una pesante cappa di afa, tipico di quella zona di lago, che sprigiona umidità nelle ore più calde della giornata, per farla sfociare spesso in un temporale in serata. Accese il motore e scese il vialetto, la mente, un vortice di pensieri. Al cancello incontrò Veronica che, lasciata la macchina sulla strada, stava suonando il campanello. Frenò.
"Veronica!" le urlò.
"Emma, scusa, adesso ti dico tutto" rispose la ragazza, salendo accanto all'amica.
"Andiamo in un bar" propose Emma.
"Si, però devi sapere che io oggi credo di avere visto l'assassino!"

Emma sbiancò e riavviò l'auto bruscamente, da dietro sentì cadere qualcosa.
"Era con noi quel giorno della foto su facebook!"
Emma riandò a quella maledetta foto, tanti visi sorridenti.
"Oggi era al lago, qui a Pettenasco!"
Emma ricordò il ragazzo e improvvisamente un altro tassello ritrovò il suo posto nella mente, lo rivide dietro il finestrino del treno, quella domenica sera. Fu il panico e, tremando, prese una decisione.
"Andiamo alla Polizia!"
Percorse veloce un tratto di strada e giunse alla strettoia prima della discesa verso la Provinciale. Fu un attimo. Avvertì un movimento sul sedile posteriore e Veronica che girava la testa in quella direzione. All'imbocco della curva con vista su Ronco udì Veronica lanciare un urlo che le morì in gola, mentre si accasciava piegata in due, poi si sentì stringere la gola da qualcosa di molto forte. L'auto sbandò e finì la corsa più avanti, poco prima del ponte sulla ferrovia. Emma lottò contro quella "cosa" indefinita che le serrava la gola. La forza della disperazione la liberò e si precipitò fuori dalla macchina. Corse alla cieca. Nessuno in giro, grosse gocce di pioggia cominciarono a cadere, mentre un tuono rimbombò sopra il lago. Arrivò al ponte, Ronco la guardava muto dall'altra sponda del lago, bello e incurante del terrore che lei stava provando. Il cervello di Emma era a mille, scorse appena la figura del ragazzo dietro di lei, ne avvertì un grugnito cattivo, di rabbia. La raggiunse all'imbocco della stradina verso il bosco, sopra la scarpata della ferrovia. Lì era cominciato tutto e lì sarebbe finito? A Emma vennero le lacrime agli occhi, aveva paura. Fu l'ultima cosa che avvertì, perché il treno merci che stava arrivando la distrasse e per lei fu la fine. Anche in paradiso si può morire.

Marco

La figura seduta sulla panchina davanti alla stazione di Pettenasco, aspettava. Era soddisfatto. L'indomani ne avrebbero trovate due, di ragazze morte accanto ai binari. Nulla le avrebbe collegate a lui. Era salvo. Era stato davvero bravo. Come un assassino professionista.

Lucia

Lucia scorse appena quel ragazzo magro davanti alla stazione di Pettenasco, mentre tornava dal lago, quella domenica sera di fine giugno.

I loro sguardi si incrociarono per un attimo.

Per entrambi fu sufficiente per ricordarsi l'uno dell'altra.

La danza di Lucca

1° premio di Garfagnana in Giallo 2017

L'ultima sera di vita di Adelaide Borsani, la città di Lucca sfoggiava il suo abito migliore, i contorni delle case del centro storico e della Torre di Palazzo Giunigi sembravano accendersi al passo di una danza gioiosa, sulle note degli ultimi raggi di un caldo sole settembrino.

Adelaide pedalava lungo le vie cittadine, cedendo al fascino della città, pareva danzare con lei. Cinquant'anni appena compiuti, era ancora una bella donna, alta e slanciata, i capelli biondi corti le incorniciavano il viso poco truccato e le valorizzavano gli occhi chiari. Amava i bei vestiti e il tailleur celeste che indossava le stava a pennello. La giornata era stata molto impegnativa, ma l'aperitivo preso con Laura all'antico caffè delle mura l'aveva rilassata. Si fermò a fare un paio di commissioni in Via Fillungo, superò la Piazza degli Scalpellini e quindi uno dei passaggi che sbuca in Piazza dell'anfiteatro, orgoglio di Lucca, con la sua forma ellittica e, poco dopo entrò in un portone, depositò la bicicletta nel cortile interno e salì al terzo piano di uno dei fabbricati affacciati alla piazza.
Per la donna sarebbe stata l'ultima volta che faceva quella strada, ma naturalmente lei ne era all'oscuro e si stava già facendo mentalmente i programmi per il giorno successivo, sabato: corsa lungo le mura cittadine e colazione in centro con la sorella. Il marito Giacomo era fuori città e sarebbe rientrato la sera successiva. Al rumore della porta di ingresso, Ronny

le corse incontro, festoso. Seguì il rituale delle sere in cui il marito era assente: bagno caldo, pigiama, e poi in cucina per una cena leggera, per terminare con un buon film.

Prima di cominciare a mangiare cercò Giacomo al cellulare ma, nell'ascoltare il messaggio di non reperibilità dell'utente, si ricordò che nell'ultima chiamata del pomeriggio l'aveva avvisata che gli si stava scaricando il telefono e, poiché impegnato in riunione fino a tardi, si sarebbero sentiti l'indomani. Alle undici, i titoli di coda del film sorpresero Adelaide assopita. La donna lasciò scorrere i programmi televisivi per circa mezz'ora, prima di svegliarsi di soprassalto, spegnere l'apparecchio e andare a letto, seguita da Ronny. Non trascorse molto tempo che l'appartamento piombò nel silenzio, solo qualche voce in lontananza arrivava dalla piazza, Lucca si cullava nelle tiepide ore notturne, le finestre illuminate scrutavano il buio. Alle due Adelaide e Ronny dormivano profondamente sul letto a baldacchino. Fu un leggero scricchiolio che destò la donna, un rumore del tutto inconsistente, una voce interiore l'aveva messa in allarme facendosi strada attraverso il sonno profondo, qualcosa di inconscio, un presentimento, forse, o il guaito di Ronny che le era parso di sentire, le aveva fatto aprire gli occhi. Ma di motivi per svegliarsi Adelaide ne aveva più d'uno, dal cerotto sulla bocca alle manette che le attanagliavano mani e piedi al letto, fino al bruciore alla gola e alle lacrime che non tardarono a scendere dagli occhi. Il peso chinato su di lei, un viso quasi sopra il suo, ne avvertiva il calore, un viso che guardò con gli occhi sbarrati, quel tanto che gli permetteva la luce della luna che filtrava dalle persiane. E poi, il dolore, acuto, tremendo, alla pancia, al costato, ovunque. Il tempo di quella tortura durò quel tanto che il suo corpo ci mise a cedere ad un provvidenziale svenimento che la tolse da quell'incubo, non prima di essersi chiesta con un muto urlo *"perche?"*.

Il commissario Massimo Solari, nel salire le stesse scale che la sera precedente Adelaide aveva percorso pensando al sabato che la attendeva ma che non avrebbe mai vissuto, incontrò due agenti pallidi come dei cenci, che lo salutarono distogliendo lo sguardo. Giunto all'appartamento del terzo piano, gli venne incontro il suo vice, la cui aria sconvolta cominciò a preoccuparlo seriamente. Cosa diavolo era successo? La chiamata in commissariato delle nove del mattino aveva annunciato un omicidio, d'accordo, ma l'atmosfera che si respirava faceva presagire qualcosa di terribile.
  – Preparati, Massimo, io una cosa del genere non l'ho mai vista – fu l'esordio del collega
  – Cosa abbiamo? - chiese
  – Adelaide Borsani, 50 anni, sposata con Giacomo Volpiano, trovata uccisa nel suo letto. Legata, il corpo martoriato da una quantità indefinita di coltellate. L'arma é introvabile – disse il collega – Abbiamo trovato invece il cane, o meglio ciò che ne resta, stessa fine della padrona -
Alla parola "cane" al commissario si accapponò la pelle, la sua atavica paura per quell'animale, unita ad una fastidiosa allergia al pelo, lo fece inorridire ma, data la situazione, si vergognò di quella debolezza e, dopo aver respirato profondamente, varcò la soglia della stanza. Il corpo della donna era sul letto, mani e piedi ammanettati alle sponde, la testa all'indietro, il tronco sviscerato dalle ferite inferte, sangue e resti organici impregnavano le lenzuola.
Distolse lo sguardo con un conato di vomito, ma ciò

che vide in quella nuova prospettiva non lo fece stare meglio: il corpo di un cane per il quale provò, non certo paura, ma un groppo allo stomaco, giaceva sul pavimento, in un lago di sangue, martoriato da ripetute coltellate.

Trovò rifugio in cucina e, lo sguardo oltre la finestra, sulla piazza, da dove le case intorno sembravano scrutare dentro quella bolgia infernale, o questo fu quanto fantasticò il commissario in preda ad incubi ad occhi aperti, cercò di darsi un contegno, malgrado il malessere diffuso che gli attraversava il corpo. Lo raggiunse il collega al quale chiese di riferirgli i fatti.

– La signora delle pulizie, arrivata verso le otto e trenta, ha trovato la porta scassinata, ha pensato ad un furto ed é entrata chiamando la signora, e poi, la macabra scoperta. Il marito é fuori città, un avvocato molto conosciuto a Lucca e dintorni. Per ora irreperibile. – spiegò - Ma chi può avere fatto una cosa del genere? Questo è l'agire di un pazzo, aspettiamoci solo una seconda vittima, si parlerà di serial killer - azzardò - e il terrore correrà per tutta la Toscana -

– Non traiamo conclusioni affrettate – disse il commissario

Il trillo del cellulare dalla camera li fece sobbalzare. Si precipitarono nella stanza e, cercando di non guardare verso il letto, fissarono l'apparecchio posato sul comodino. La parola "Amore" sul dispaly lampeggiava. Il commissario, preso il fazzoletto dalla tasca, afferrò con cautela il cellulare, strisciando l'indice e cercò di spiegare all'uomo che dall'altra parte della linea chiedeva perché, anziché sua moglie, avesse risposto un uomo, che era meglio se si presentasse immediatamente a casa. Era successa una cosa molto grave, in breve, sua moglie era morta.

– Si trova a Viareggio, parte immediatamente –
sospirò il commissario – Ora lasciamo lavorare i colleghi della scientifica e il medico legale,
ho bisogno d'aria –
Il bar della piazza era affollato, ma loro si apparta-
rono in un tavolino in fondo e ordinarono caffè cor-
retto.
– Dobbiamo muoverci subito - disse il commissario, appena trangugiata la calda bevanda
che lo aveva fatto sentire un po' meglio, per
quanto possibile – questa é una patata bollente, gente perbene e un'efferatezza così, bisogna dire qualcosa alla gente, sennò i nostri
cari concittadini si chiudono in casa. Di precedenti di tale portata non ne ricordo, almeno in
Toscana, ma magari a livello nazionale qualche caso c'è stato e forse hai ragione tu, abbiamo un serial killer, ma, no, Dio ce ne scampi!
Preferisco un bel nemico giurato della donna,
da chiudere in prigione e gettare la chiave! -
Più tardi, in commissariato si raccolsero informazioni sulla vittima e sul marito. Lei, brillante dirigente
di una importante ditta di Lucca, la classica donna in
carriera, apparteneva a una nota famiglia lucchese.
Lui, avvocato, studio a Lucca e un altro a Viareggio,
clientela di alto livello, settore penale, aveva seguito
parecchi casi delicati in tutta la Toscana.

A mezzogiorno giunse la notizia che il marito era arrivato, era fuori dal suo appartamento e gli agenti
stentavano a trattenerlo. Il commissario si precipitò
sul posto. L'uomo era, testa fra le mani, seduto sui
gradini del pianerottolo. Gli spiegò l'accaduto, dis-
suadendolo dal vedere il corpo della moglie, almeno
fino a quando non sarebbe stato ricomposto all'obitorio per il dovuto riconoscimento. Gli chiese di se-

guirlo in commissariato, dove, dato lo stato di grande agitazione in cui si trovava, fu trattenuto lo stretto necessario per chiarire i suoi spostamenti del giorno precedente.

– Ero a Viareggio dalla mattina di giovedì, ho lavorato fino a ieri sera e poi sono andato a cena con un cliente, alle dieci ci siamo salutati e mi sono ritirato in albergo, potete controllare ogni cosa – spiegò con voce che tradiva un forte shock – Avevo in programma di tornare oggi nel pomeriggio. Con Adelaide ho parlato ieri verso le quattro -

– Bene, grazie, avvocato, può andare, ci faremo sentire presto – lo congedò il commissario. Era stanco e quella fastidiosa allergia cominciava a farsi sentire, doveva essere stato il pelo del cane trovato morto.

Il resto della giornata trascorse molto concitata, furono sentiti la sorella della vittima, una sua amica, Laura, la quale dichiarò fra le lacrime che la sera prima aveva preso un aperitivo con Adelaide, tutto assolutamente normale, poi dei colleghi di entrambi. Risultato: una coppia di successo, un scelto giro di amicizie, la bella società di Lucca.

– Qui, o abbiamo a che fare con un pazzo, o l'assassino é il marito – confidò il commissario al collega quando ormai la sera era calata e loro si trovavano ancora in ufficio, sfiniti

– Andiamo, Massimo! In quel modo? - si scandalizzò il suo vice - E poi ha un alibi di ferro -

– Sì, sì … Beh, di ferro, l'hanno visto salire in camera e ridiscendere per la colazione ma il tempo di venire a Lucca e ritornare a Viareggio lo aveva. Mah, forse sono diventato pazzo anch'io! È che mi farebbe davvero comodo, il marito per assassino. Me ne vado a casa, domani mattina ci vediamo nell'appartamento dell'omicidio, voglio dare un'occhiata in giro -

La domenica mattina, la danza di Lucca aveva i passi umidi e trascinati da una cupa pioggerella che bagnava le strade e i tetti delle case, partecipava mesta alla tragedia che si era abbattuta all'interno delle sue mura. Molte erano le persone che commentavano l'accaduto, scambiandosi informazioni, l'aria preoccupata. Persino chi si recava alla Messa in Duomo non era molto predisposto al rito religioso, la mente occupata da macabre visioni di sangue. Qualcuno azzardava un pensiero anche al cane di Adelaide, che aveva dovuto condividere con la padrona una morte così orrenda.

Il commissario e il suo vice si ritrovarono in piazza e salirono nell'appartamento del terzo piano. A parte i corpi che erano stati rimossi, la scena del delitto era ancora intatta, le lenzuola impregnate di sangue, una larga chiazza scura a terra, là dove era stato trovato Ronny. Nell'aria un fastidioso odore dolciastro. I due uomini esaminarono attentamente l'appartamento arredato con buon gusto, la cucina moderna, due bagni, un salottino adibito a studio e un salone con angolo da pranzo e un altro con divani, televisione e libreria. Il commissario si attardò in quest'ultimo locale, notò libri di ogni genere e un'intera scaffalatura di dvd, film per lo più polizieschi o gialli, di cui parecchi a sfondo giudiziario.

    – Avvocati! - esclamò attribuendo istintivamente al marito la passione per quel genere di film.

    – Qualcuno faceva uso di sonniferi – dichiarò il vice commissario uscendo dal bagno – il mobiletto ne é ben fornito -

    – A quanto pare il successo non li esonerava dall'ansia – commentò il commissario – e a guardare tutti questi film gialli non c'è da avere sonni tranquilli – aggiunse sottovoce, leggendo qualche titolo sulle cassette esposte – Beh, per ora basta, cerchiamo di distrarci almeno oggi, che domani e il resto della settimana saranno di fuoco -

I due uomini si lasciarono nella piazza ai rintocchi delle torri campanarie delle chiese lucchesi che annunciavano mezzogiorno. Il commissario si avviò a piedi verso casa, percorse le vie cittadine fino alle mura. Lucca sembrava risvegliarsi stiracchiandosi a un barlume di sole che si faceva strada fra le nuvole, promettendo un luminoso pomeriggio, così telefonò d'impulso alla moglie, dicendole di sospendere la preparazione del pranzo e di cambiarsi, che sarebbero andati fuori città. Mezz'ora dopo guidava la sua Audi A4 verso Castelnuovo, sua moglie adagiata sul sedile a fianco, visibilmente soddisfatta di essersi vista una svolta così imprevista nella giornata, da casalinga alle prese con i fornelli a pigra turista in terra di Garfagnana. La valle del Serchio che dava bella mostra di sè e il fiume, poi il ponte del diavolo, così affascinante e caratteristico.
   – Massimo! Che piacere – li accolse Carlo, detto Carlino, il padrone del ristorante della piazzetta di Castelnuovo, loro amico da sempre – Accomodatevi sul balconcino, che vi servo un buon risotto ai funghi -

Si rilassarono e solo al dolce la moglie osò chiedergli come andassero le indagini
   – Mia cara, che dirti? È troppo presto – rispose il commissario deponendo la forchetta – brutto affare – e le raccontò quel tanto che gli per-

metteva l'etica professionale e cercando di non impressionare la donna. Gli era sempre piaciuto confidarsi con lei, in tanti anni di servizio, quei momenti lo facevano sentire come Maigret, che, pipa in bocca, raccontava alla sua amata i casi con i quali aveva a che fare.

– Come in un film – terminò il racconto, ripensando alla scena del crimine. Era questa la frase che gli frullava per la testa da quando aveva varcato la soglia dell'appartamento al terzo piano.

Alle quattro passate si alzarono da tavola e Carlino li raggiunse per un digestivo. Fu al momento dei saluti che venne loro incontro una bambina di circa dieci anni, con un cucciolo di cane in braccio. Il commissario si ritrasse d'impulso e la moglie si rivolse alla piccola.

– Che bello! Come si chiama? - chiese
– Fuffy - rispose la bambina, che però scoppiò in un pianto improvviso – la sua mamma é morta, e lui adesso é orfano -
– Starà benissimo, vedrai. Lo crescerai tu – intervenne Carlino – È la mia nipotina. Eh si, la madre di questo cucciolo é morta di malattia qualche giorno fa. L'abbiamo portata dal veterinario a Lucca, sai, Massimo, quello che ha lo studio in Via Mordini, ma non c'è stato nulla da fare -
– Ma io la volevo e loro non me l'hanno più data! - urlò la bambina
– Su, su. Adesso é in cielo – riprese l'uomo – Purtroppo é successo che il dottore aveva capito che volevamo cremarla e ha proceduto, mentre Alice voleva seppellirla in giardino -
– Mi dispiace – la donna consolò la bambina e dopo poco la salutarono, Carlino rivolse loro

uno sguardo complice e riconoscente. Il commissario fu felice di allontanarsi dall'animale che, seppur tenerissimo, gli procurava ansia e anche un certo solletico al naso.

– Caffè alla fortezza? - propose alla moglie.

Al sorriso della donna, riprese l'auto e la diresse su per i tornanti che da Castelnuovo conducono al complesso cinquecentesco della fortezza di Montalfonso che domina la collina. Trascorsero ancora una piacevole ora di fine pomeriggio a sorseggiare un altro caffè al bar con vista sulla valle e solo all'ora di cena si avviarono verso Lucca.

Il lunedì il commissario era seduto alla scrivania del suo ufficio, fuori, la città era stranamente silenziosa e immobile. Il referto dell'autopsia, che, data la gravità del caso, era stata fatta eccezionalmente la domenica, aveva rivelato quanto già evidente: morte per arma da taglio, un coltello ben affilato, che aveva colpito molte volte, nessuna violenza sessuale. Ora della morte fra la una e le tre di notte. Il cane, anch'esso esaminato, mosrava lo stesso tipo di ferite.

Giacomo Volpiano fu convocato in commissariato per le undici. Il colloquio fu lungo, ma l'uomo si dimostrò molto disponibile, sembrava calmo, spiegò i suoi spostamenti del venerdì, dando riferimenti dell'hotel e delle persone che aveva incontrato. L'ultimo che lo aveva visto era il cliente con il quale aveva cenato e si erano lasciati verso le dieci, dopo di che era salito in camera e fino alle otto della mattina successiva non aveva avuto più contatti con nessuno. Amava sua moglie e proprio non rusciva a capacitarsi di quanto le era accaduto, né tanto meno poteva immaginare chi la volesse morta. Di sicuro era opera di un pazzo. La amava? Certo, moltissimo, sposati da vent'anni erano molto legati. Alla fine fu congedato con preghiera di non lasciare la città.

Trascorse tutta la settimana, Lucca si risvegliava ogni mattina faticando a riprendere la normale vita di tutti i giorni, i passi di danza erano pesanti, malinconici, i commenti nei bar preoccupati, i più pessimisti erano certi che un pazzo vivesse in città e che avrebbe "di sicuro" colpito ancora, voce che era giunta all'orecchio degli inquirenti. In commissariato l'aria era sempre più opprimente, il caso dell'omicidio di Adelaide Borsani aveva la priorità.

Il venerdì, verso le cinque il commissario era seduto alla sua scrivania, decisamente depresso. Il caso era in stallo. Aprì il fascicolo e sparse le fotografie della vittima e dell'appartamento. Camera, sangue, bei mobili, soggiorno, libreria, vaso di fiori, l'ansia lo opprimeva. Lo sguardo si soffermava su ogni particolare. Se quelle foto avessero potuto parlare gli avrebbero rivelato l'assassino. Quadri, fiori, libri, dvd, una girandola di visioni gli balenava davanti agli occhi, gli sembrava di impazzire, era ora di andare a casa. Raccolse tutto e, messo il fascicolo sottochiave nel cassetto, si apprestò ad uscire. Fu nel momento preciso in cui pose la mano sulla maniglia della porta che un flash gli attraversò la mente, ritornò alla scrivania e riprese il fascicolo, cercò la foto che riproduceva la libreria del salotto. Ecco, il particolare che cercava. Prese la lente di ingrandimento e lesse i titoli dei film riportati sulle copertine dei dvd, un titolo in particolare, un lontano ricordo. Si precipitò fuori e un quarto d'ora più tardi era da Blockbuster dove chiese lo stesso film, non era fra le novità, certo, risaliva a una trentina di anni prima, ma il giovane commesso magnificò la collezione da intenditori che il negozio vantava e il commissario, alle sette in punto, lieto di aver trovato un biglietto della moglie che gli diceva di essere uscita per una cena improvvisata fra amiche, era seduto sul divano di casa, davanti al televisore. Cento minuti di assorta e silenziosa visione e, alla fine, si ritrovò a guardare, senza vederli realmente, i titoli di coda, la mente in un mondo parallelo, in quello dove si trovano le soluzioni degli enigmi, dove la verità appare in tutta la sua crudezza.

– Massimo? Che c'è? - fu l'allarmata risposta del collega quando, alle dieci di sera, il commissario si era presentato alla sua porta, fradicio per un acquazzone che lo aveva sorpreso per strada.

– Ti va di fare due passi? - rispose, pallido in volto

Pochi minuti dopo i due uomini camminavano per le vie di Lucca, le strade bagnate dall'acqua appena scaricata da un cielo rabbioso quanto impietoso. Nessuno dei due parlava, uno, per rispetto, l'altro, forse, per timore di dire ciò che pensava di aver scoperto.

– È stato il marito – disse in un soffio

– Cosa? Ma dai, in un modo così brutale? - fu la risposta allibita del collega

– Allora guarda questo – e il commissario gli porse il dvd con il film che lo aveva tenuto incollato alla tivù nelle due ore precedenti – Ma intanto ti anticipo che qui c›è esattamente ciò che é accaduto. Un marito che uccide la moglie allo stesso modo del nostro, e uccide anche la domestica. Glenn Close e Jagged Edge, di Marquand, "Doppio taglio" 1985, non riscosse molto successo, devo averlo visto anni fa perché un ricordo mi frullava per la testa.

Come in un film, mi dicevo, e quella raccolta di film del marito, continuava a ossessionarmi. E avevo ragione. Unica differenza, la seconda vittima, che per noi é un cane -
– Mio Dio, Massimo -
– Un marito può uccidere la moglie, certo, ma qual è quel marito che ha il coraggio di farlo in un modo simile? Era lo spirito del film e il caro avvocato ne ha copiato l'idea. Semplice -
– Il movente? -
– Beh, una cospicua polizza vita, naturalmente, che aspetta di essere incassata -
Il silenzio ritornò fra i due uomini. I loro passi echeggiavano nelle vie che, stranamente, erano vuote. Anche Lucca sembrava ritirata in un rispettoso silenzio, non aveva voglia di danzare, a una tale, crudele realtà.
– Ma non ho lo straccio di una prova! - dichiarò mesto il commissario quando, senza nemmeno rendersene conto, si accorse che erano arrivati nella piazza dell'anfiteatro, quasi sotto le finestre dell'omicidio.

Ottobre era sopraggiunto e Lucca si stava preparando all'autunno, con il raccoglimento proprio della stagione. Anche la gente sembrava essersi calmata e le chiacchiere sull'omicidio perdevano vigore. Ma il commissario non si dava pace, era sicuro di avere la verità, ma nulla che potesse provarlo. Il marito fu messo sotto sorveglianza, con molta cautela, ma le speranze erano davvero poche. Cosa avrebbe mai potuto commettere che lo tradisse? Si chiedeva il commissario continuamente.

Una sera, a cena, la moglie, cercando di distoglierlo dal silenzio gli raccontò la sua giornata

– Sai, Massimo, ho incontrato la mia amica Giulia. Mi sono ricordata che lavora allo studio veterinario dove é morto il cane della nipotina di Carlino e così l›ho nominato, e lei mi ha raccontato, facendomi promettere di non dirlo a nessuno, che il corpo dell›animale non é stato cremato, ma rubato dallo studio, inspiegabilmente -

– Mmm … - fu la laconica e decisamente poco interessata risposta dell›uomo

– Domenica andiamo a pranzo a Castelnuovo, eh, mio caro, che ti devi distrarre -

Il trillo del telefono salvò l›uomo dal dover rispondere alla moglie.

– Massimo? - era il suo vice – Disposizioni dall›alto, settimana prossima sospendiamo il pedinamento a Volpiano, sembra pulito. Solo lavoro e casa, ora vive in un appartamentino fuori città, nessun movimento sospetto. Si é pure ricomprato un cane, uguale a quello che aveva prima, eh, peccato che la moglie non l›ha potuta sostituire!

– Mmm – fu il secondo mugugno che il commissario Massimo Solari emise nel giro di pochi minuti. Il pessimo umore non lo abbandonò per tutta la sera e se ne andò a letto cupo.

Fu più o meno alla stessa ora in cui anche Adelaide Borsani si era svegliata la notte di un mese prima a causa delle torture che qualcuno le stava infliggendo, che il commissario uscì da un sonno agitato, fatto di visioni di cani che lo assalivano, per entrare in una realtà non molto più tranquilla.

Scese dal letto e andò in salotto, si versò un bicchiere di porto. Doveva pensare. A poco a poco si profilò all›orizzonte un›idea assurda, quanto diabolica.

Il mattino, alle sette e trenta usciva già di casa. La prima telefonata che fece era per il medico legale e, dopo aver ascoltato la risposta alla sua domanda, fece la seconda chiamata, all›agente che stava sorvegliando Volpiani, e l›ultima per il suo vice. Alle otto e trenta si trovò con i colleghi sotto la casa del loro uomo. Fu il commissario a suonare alla porta e presentare all›assonnato avvocato il mandato di perquisizione. Ma non c›era molto da perquisire, il cane era lì, in bella vista sullo stuoino dell›entrata.

    – Ciao Ronny, ti vedo bene! - disse il commissario – Buongiorno, avvocato, nulla da dichiarare, prima che procediamo ad esaminare il suo cane? -

L›unico gesto che tradì l›amarezza della sconfitta dell›avvocato fu un leggero cedimento delle spalle.

    – Bel colpo! Bravo commissario – si complimentarono i collaboratori di Massimo Solari quando, più tardi, terminato l›interrogatorio e quindi l›arresto di Giacomo Volpiano, il quale non aveva più avuto la forza di negare il diabolico piano escogitato per uccidere la moglie e incassare l›assicurazione, si ritrovarono in sala riunioni del commissariato – Quindi il nostro uomo ha avuto più pena per il suo cane che per la moglie -

    – Eh si – rispose il commissario – non ha avuto cuore di uccidere il suo amato Ronny e ha trafugato un cane già morto, della stessa razza, dallo studio del veterinario, probabilmente lo teneva d›occhio e ha colto l›occasione. Una telefonata al medico legale che aveva esaminato il cane, la sua conferma che si trattava di una femmina, e ho capito. Volpiano avrà confidato

nel fatto che non avremmo prestato molta attenzione al cane, e infatti così purtroppo é stato. Ecco perché ho starnutito anche il giorno che l›ho interrogato, credevo che fosse per il cane morto, invece il pelo dell›animale era sui suoi abiti, di quello vivo, che aveva sostituito e nascosto. Poi ha finto di averne acquistato uno uguale -
 – Voleva diventare un ricco avvocato vedovo e ora é solo un ex avvocato rinchiuso in cella, e ci rimarrà per il resto dei suoi giorni – concluse ironico il vice. E Lucca può respirare, nessun serial killer fra le sue vie! -

Alice era seduta sui gradini del ristorante del nonno, quando l›Audi A4 si fermò nella piazzetta e ne scese la stessa signora che aveva visto poco tempo prima, ma questa volta con lei c›era un cane, come assomigliava alla sua Lea!
 – Pensi di potertene occupare, Alice? - esordì la donna – é rimasto senza padroni -
Il commissario le raggiunse, tirando su con il naso, per aver dovuto sopportare il pelo dell›animale per tutta la strada, ma forse anche per l›emozione del momento, anche se non lo avrebbe mai ammesso. Alice abbracciò l›animale con le lacrime agli occhi e corse dentro, chiamando il nonno a gran voce. Il signor Carlino uscì poco dopo, commosso.
 – Una bella cenetta, Massimo? -.

Quando più tardi il commissario e la moglie rientrarono a Lucca era buio e la luna illuminava il profilo delle case di Lucca e, questa volta, era un valzer il ballo che la città danzava malinconica, ma purtroppo Adelaide non avrebbe mai più danzato con lei.

Cerchi nell'acqua

Quando il commissario Mario Verano giunse nel piccolo borgo adagiato sulla sponda del lago, si disse che non era possibile che esistesse un luogo così bello. Lui che viveva soffocato in una città grigia di smog, dovette abituare il respiro e gli occhi a ciò che aveva davanti e si lasciò cullare dalla dolce atmosfera lacustre. Si stupì dell'azzurro dell'acqua, del pervinca del cielo, dei verdi più diversi dei prati e delle montagne intorno, si sentì come quando, da bambino, per mano a sua madre, vedeva passare i carri di carnevale dai mille colori, gli occhi spalancati, completamente indifeso e rapito da tutte quelle emozioni. Già dal piazzale del parcheggio, situato in alto rispetto al piccolo borgo di Orta S.Giulio, costituito per lo più da case in sasso che abbracciano il lago, si aveva una visuale mozzafiato sull'agglomerato di case e sullo specchio d'acqua che ne rifletteva la bellezza. La luce del tardo pomeriggio stendeva un dorato mantello sul paesaggio.

Un gatto lo raggiunse e gli camminò accanto scortandolo fra gli stretti vicoli rallegrati dai negozi di souvenir fino ai margini del paese dove, oltre un grande cancello, un vialetto si dipanava fra siepi e alberi pregiati. Una curva a metà del percorso permetteva allo sguardo di vagare verso il lago, dominato in quel punto dalla piccola isola che ne occupava l'orizzonte, dove San Giulio giunse un tempo guidato dal suo bastone in mezzo alla tempesta ad erigere una chiesa, ora oasi di pace per suore che, nascoste agli occhi del mondo, dedicano le loro ore alla preghiera, in completa sintonia con il luogo.

Un nuovo scarto della curva e gli occhi sono rapiti dalla casa, antica ma non pretenziosa, su due piani, di colore rosso con le finestre dalle cornici bianche e le persiane grigie, con una corta scalinata centrale, con i parapetti ricoperti di edera, che conduce alla porta di entrata. Una greca geometrica su sfondo bianco arricchisce il cornicione sotto la gronda del tetto. Al primo piano, sulla destra, un terrazzo.

Il commissario Verano fu raggiunto dalla voce affannata dell'agente di polizia, che si presentò:
- Portalupi Vincenzo, ai suoi ordini, commissario! - quasi accennando a un inchino, ansioso di fare bella impressione con quell'austero commissario sulla cinquantina, già un po' stempiato e con un accenno di pancetta, venuto dalla città a sostituire in gran fretta il commissario della locale caserma, ammalatosi improvvisamente. Lui era abituato al commissario Durso con il quale si poteva discutere di lavoro al bar del paese, quello sulla piazzetta, guardando il traghetto sempre affollato di turisti che faceva spola con l'isola. Anche se con un omicidio sarebbe stata ben altra cosa, loro erano abituati a crimini di minore entità, al massimo ai furti, di quelli ne accadevano in abbondanza, ma un omicidio era un fatto eccezionale. Eh si, questo commissario pareva di tutt'altra pasta, il vestito di buona qualità e serio in volto, ma nessuno è immune ad un buon bicchiere di vino e pesce di lago cucinato come sapevano preparare nei ristoranti del posto. Ci avrebbe pensato lui, parola di Portalupi.

Il commissario si avviò verso il giardino, dove gli era stato riferito ci fosse il corpo, della cui identità era ancora totalmente all'oscuro. Lui preferiva sapere il meno possibile prima di giungere sul luogo del delitto e per questo interruppe, con un cenno che forse risultò un po' scortese verso quell'agente così ossequioso, il fiume di parole che sentiva che stava per arrivare alle sue orecchie.

Il corpo giaceva su una sedia in ferro battuto, arrivando da dietro ne vide i contorni ben stagliati contro lo sfondo del lago, seduto, solo la testa reclinata sulla destra, il bicchiere posato sul tavolino accanto suggeriva un aperitivo prima di una cena in piacevole compagnia, magari su una terrazza sul lago. Soltanto il dettaglio di un altro agente di polizia che stazionava nelle vicinanze rovinava l'impressione, dando un quadro dell'insieme meno idilliaco. A malincuore percorse gli ultimi metri sul prato perfettamente curato, sicuro che quanto avrebbe visto dalla prospettiva frontale avrebbe tolto ogni dubbio circa la reale situazione. E infatti il rosso vivace che spiccava sul bianco della camicia dell'uomo, che di cene non ne avrebbe certo più consumate, né in terrazza né in nessun altro luogo, disilludeva definitivamente lo spettatore. Il corpo si svelò appartenere ad un uomo sulla sessantina, di bell'aspetto, in eleganti pantaloni grigio perla, camicia senza cravatta e mocassini. Composto, solo un po' scivolato, con le gambe aperte, ma non abbastanza da rendere la sua figura disordinata; anche da quella angolazione l'aspetto era di una persona che si stava rilassando al riparo da occhi indiscreti. Il commissario si avvicinò al corpo e lo esaminò, ravvisando solo il quadro di un uomo colto da una morte improvvisa. I capelli, che dovevano essere stati biondi e che ora erano di un grigio delicato, raccolti in uno sfizioso codino in basso sulla nuca, non stonavano, anzi, davano un piccolo tocco di sensuale civetteria.

- Commissario, cosa ne pensa? - si informò l'agente Portalupi, avvicinandosi con cautela, dato l'invito neanche tanto velato di poco prima a non eccedere in chiacchiere.

- Allora, Portalupi, mi dica come è andata - il commissario alzò lo sguardo sul sottoposto, stabilendo che adesso gli avrebbe concesso la sua attenzione - chi ha trovato il cadavere? -

- La moglie, dottore, anzi, la compagna che sarebbe diventata sua moglie domani, commissario - rispose prontamente l'agente, illuminandosi di felicità nel vedere riconosciuto il suo ruolo. Si profuse nel resoconto degli avvenimenti delle ultime ore. Verso le 15,30 era arrivata la chiamata al locale comando di polizia e una agitata voce femminile aveva denunciato il ritrovamento del cadavere di Alfieri Mario, nel giardino della sua villa di Orta. Lui, insieme all'altro agente al momento in servizio, si erano precipitati sul posto, trovando in salotto la donna sconvolta, che cercava di darsi un contegno nel raccontare che, rientrando a casa verso le ore 15,15, non aveva visto il suo futuro marito e lo aveva trovato seduto sulla sedia in giardino, morto che più morto non si può. Fatti i primi accertamenti, non avevano notato nulla di anomalo, la casa era in ordine, così come il giardino immacolato, nessuna effrazione al cancello della villa, niente di niente. Brutto affare. Avevano chiamato il medico legale, che era già stato sul luogo e non aveva potuto che constatarne la morte per arma da fuoco. La scientifica doveva ancora arrivare, quello era un paese piccolo e doveva essere convocata dalla città, come era accaduto per avere un commissario disponibile, visto che il loro era a casa ammalato di orecchioni, incredibile, vero? Se voleva, si poteva esaminare il luogo insieme e interrogare la donna che era rimasta per tutto il tempo nella sua camera al piano di sopra, in compagnia di un'amica.

Il commissario registrò mentalmente tutte le informazioni, cercando di calarle nell'ambiente circostante. Si mosse di pochi passi, Portalupi dietro a mo' di segugio. Il giardino non era molto grande e si presupponeva ben custodito da recinzione e cancello, quasi certamente munito di allarme. Rimase assorto per qualche minuto. Si sorprese a pensare che quello spettacolare paesaggio che lo aveva rapito appena giunto non riusciva ad essere scalfito neanche dalla morte, traendo invece fascino dalla sua tragicità. Il sole stava scendendo all'orizzonte e i contorni dell'isola si stavano ammorbidendo nella luce più soffusa.

- Secondo lei, Portalupi, da dove potrebbe essere arrivato l'assassino? - chiese all'agente che, sentendosi interpellato, si agitò - La casa è ben custodita – aggiunse.

Il commissario girò ancora lo sguardo intorno e, un po' scenograficamente, lo rivolse al lago, che guardò socchiudendo gli occhi al tramonto, poi guardò nuovamente Portalupi, inarcando leggermente un sopracciglio - quindi?

- gli chiese guardando ancora verso l'acqua.
L'agente seguì lo sguardo del commissario.
- Dal lago! - rispose trionfante.
- Al momento sembra la spiegazione più logica. Ora vado
a parlare con la signora. Lascio a voi il compito di assiste-
re la scientifica - disse avviandosi - e le sarei grato se mi
trovasse una camera d'albergo qui in paese -
- Certo, commissario - rispose prontamente l'agente - ci
penso io -
- Un'altra cosa, ho lasciato la mia auto nel parcheggio, ho
trovato posto a malapena, veda di procurarmi un permesso, per favore -
L'agente corse via, il commissario ripercorse il vialetto e
arrivò alla casa, salì i gradini e giunse alla porta d'ingresso, spalancata.
L'ampio atrio, reso spazioso da un minimale arredamento, era adorno di fiori e quadri, quattro porte portavano
nella zona giorno, ma il commissario ne rinviò l'esame a
più tardi. Salì le scale, due brevi rampe, e giunse al piano
superiore, anche qui quattro porte conducevano ai locali
della zona più intima della casa. Lui si avviò verso quella
di fronte alla scala, da dove aveva sentito provenire delle
voci e bussò con discrezione. Gli venne subito aperto da
una donna di una certa età e molto distinta, un po' palli-
da in volto e visibilmente turbata, che si presentò come
un'amica della signora Cortesi. Il commissario le chiese
di essere ricevuto dalla padrona di casa e che lei avrebbe
potuto attendere al piano inferiore. Lasciato solo varcò la
soglia della stanza e si trovò in una camera da letto che
lo avvolse in un alone di benessere e comodità: un letto
matrimoniale ne occupava grande spazio, due tavolini
rotondi con lampade, ai piedi del letto un piccolo divano fiorato, l'armadio addossato alla parete di sinistra, una
piccola libreria, un tavolino scrittoio e due poltroncine
completavano l'arredamento. Ogni pezzo era comple-
mentare all'altro, nulla stonava, i colori andavano dal blu

all'azzurro, passando per il bianco e il giallo pastello, un vero spettacolo di buon gusto. Di fronte alla porta una finestra incorniciava il quadro del lago con l'isola al centro. La figura femminile era seduta sul divanetto in fondo al letto e, quando lo vide, si alzò senza fretta. Il commissario studiò una donna non più giovanissima ma ancora molto bella, alta e sottile, i capelli lisci castano chiaro toccavano appena le spalle, gli occhi di una bella tonalità di marrone dorato; indossava un lungo abito color crema in lino e sulle spalle uno scialle dalle righe multicolori, notò i piedi scalzi.

- Buonasera, commissario. Si accomodi - esordì la signora dandogli la mano - Maria Cortesi -
- Buonasera, signora. Cercherò di disturbarla il meno possibile - le disse il commissario - ma devo rivolgerle subito alcune domande. Mi racconti quanto è accaduto oggi -
- Questa mattina è stato tutto un po' concitato, domani io e Mario avremmo dovuto sposarci e avevo tante cose da fare - cominciò la signora, accennando con lo sguardo all'angolo accanto all'armadio.
Il commissario si voltò e notò appeso ad un'anta un bellissimo abito da sposa, in pizzo beige, lungo, da favola. Anche se lui non se ne intendeva molto di moda femminile, intuì che per un vestito così qualsiasi donna avrebbe fatto follie. Si rivolse nuovamente alla signora che, evocando il pensiero delle nozze, aveva portato un fazzoletto al naso.
- Ho trascorso la mattina a dare disposizioni per domani, i fiori, il catering, le ultime cose. Per quanto mi sia affidata ad un organizzatore di matrimoni, volevo curare ogni minimo particolare per le mie nozze -
Il commissario pensò con un certo disappunto alla nuova moda di trasformare l'unione di due persone in una specie di avvenimento di portata planetaria, con i fiori che si devono intonare alla camicia dello spos, o la torta con i colori delle tende. Non le avrebbe mai capite queste cose.

- Io e Mario abbiamo consumato un pranzo frugale verso l'una -

- Non ha servitù? - chiese il commissario.

- Si, certo, abbiamo una cameriera alla quale oggi ho chiesto di occuparsi di alcune commissioni ed è andata via prestissimo. Io sono uscita verso le due, ho preso la macchina e sono andata in una serie di negozi, se vuole le faccio una lista: tutte cose che per lei saranno completamente insignificanti. Sono ritornata dopo un paio d'ore e Mario non era in casa, così sono uscita e l'ho trovato in giardino, morto. Sconvolta, ho chiamato la polizia. Il resto lo conosce. È incredibile. Eravamo felici, chi può averlo ucciso? -

- Lo scopriremo, non ne dubiti, ma aveva nemici, che lei sappia? Mi dica qualcosa di lui -

- Nemici, improbabile, era un uomo tranquillo. È stato imprenditore in Svizzera ed ora si era ritirato, lasciando la gestione della ditta al fratello. Gli piaceva la vita tranquilla, i viaggi. Penso a un pazzo, la nostra è una zona turistica, di gente ne gira tanta, magari volevano rubare e pensavano non ci fosse nessuno in casa - la signora Cortesi, padrona di sé fino a quel momento, lasciò che le emozioni la sopraffacessero e si coprì il viso con le mani.

- Va bene, signora, non voglio disturbarla oltre - disse il commissario alzandosi e, notata una foto di lei sul tavolino, doveva essere stata molto giovane, con un cappello di paglia e un vestito fiorato, si congedò e si avviò verso la porta - la lascio tranquilla, le sarei grato se in casa non venisse toccato nulla. A domani -

- Grazie -

- Le dispiace se uscendo do un'occhiata alla casa? -

- Faccia pure. Buona sera, commissario -

- Buona sera a lei, signora, cerchi di riposare -

Il commissario uscì dalla stanza chiudendo delicatamente la porta e si trovò nell'atrio. Girò a destra e, attraversato un piccolo salotto, fu su un terrazzo, adorno di piante, ottimo luogo di relax con vista sul lago. Rientrò e ispezionò il piano, entrò nella stanza a sinistra che si rivelò essere uno studio, scrivania e scaffali di libri evocavano lettura e raccoglimento. Scese al piano terra passando davanti a una vera e propria esposizione di quadri che occupavano le pareti lungo la scala, davvero belli, pensò, per lo più paesaggi. Si aggirò per la cucina, in disordine, i cestini dell'immondizia erano colmi e della carta appallottolata era caduta a terra. In sala trovò l'amica della signora Cortesi, la quale confermò ogni cosa. Notò molte fotografie incorniciate e una vetrinetta con esposte collezioni di vario genere, per lo più ceramiche. Qualcuna delicatamente posata su cuscinetti di velluto. Il commissario aveva l'abitudine di ispezionare attentamente e senza nessuno intorno i luoghi dei crimini in cui si imbatteva: l'identità di un assassino rimane sul luogo. Sempre. E pensava che le risposte erano lì, sotto gli occhi, e che una dimora così era uno scrigno pieno di segreti.

Improvvisamente il commissario si sentì stanco, uscì dalla casa ed incontrò l'agente Portalupi, che gli riferì che erano arrivati gli uomini della scientifica e che gli aveva prenotato una stanza in un albergo in piazzetta. Avevano sequestrato il telefono cellulare dell'uomo, gli era caduto a terra, fra l'erba, avrebbero verificato il traffico delle chiamate.

- Grazie, bene - il commissario accelerò le ultime incombenze e decise di andare a prendere il suo bagaglio in macchina e recarsi in albergo.

Giunto al parcheggio si ricordò di una domanda importante che non aveva ancora rivolto alla signora Cortesi, se la annotò mentalmente, prese la valigia, mise in bella mostra sul cruscotto il permesso di parcheggio che Portalupi gli aveva fatto avere e scese verso il lago. In giro non c'era più molta gente, era solo l'inizio dell'estate ed era venerdì, i turisti erano per lo più ritirati nei ristorantini vista lago e altri seduti ai tavolini della piazza a rilassarsi. Una nuova atmosfera di pace serale cominciava ad aleggiare.

L'albergo si trovava all'inizio di una stradina, vi entrò e non ebbe neppure bisogno di presentarsi, lo stavano aspettando. Per un attimo temette di trovare l'agente Portalupi con il suo fiume di parole, ma si ricordò che gli aveva dato il compito di vigilare sul luogo del delitto, in fondo sembrava un tipo responsabile ed avrebbe sicuramente obbedito. Salì in camera a rinfrescarsi e poi scese a cena, che assaporò ad un tavolino accanto alla finestra da cui si ammirava quel lago del quale fino a poche ore prima neanche conosceva l'esistenza, ma che ora gli sembrava già di amare un po'.

Era al caffè quando dal fondo della stanza entrò l'agente Portalupi, dall'agitazione che portò quasi gli cadde la tazzina.

- Commissario, abbiamo trovato una barca! - gli disse
- Che c'è, Portalupi? -
- Una piccola barca, abbandonata in una rivetta poco lontana dalla casa dell'omicidio - rispose con grande soddisfazione l'agente - si tratta con molte probabilità del mezzo che ha usato l'assassino per arrivare dal lago al giardino della villa, uccidere Alfieri e poi ritornare sui suoi passi, anzi no, passi no, non è appropriato, si tratta di acqua, comunque, fuggire, raggiungere un prato che risale verso il parcheggio, prendere l'auto e andarsene - l'orgoglio gli faceva quasi scoppiare i bottoni della giacca.

- Si, può essere, Portalupi - rispose il commissario, senza sbilanciarsi troppo - si sieda, prenda un caffè, vorrei rivedere la situazione con lei. -

- Grazie, commissario - rispose l'agente scostando la sedia e sedendosi con deferenza - ma non ho mangiato, se lei permette chiedo di portarmi qualcosa dalla cucina e lei deve assolutamente assaggiare il nostro vino - aggiunse, pentendosi subito, nel timore di avere osato troppo con quell'uomo che era il suo capo solo dal pomeriggio.

- Va bene, Portalupi, va bene - rispose il commissario, vedendosi sfumare l'idea della camera che lo attendeva al secondo piano del vecchio edificio con quel letto morbido che aveva appena intravisto posandovi sopra la valigia - ma per il vino, andiamoci piano, che ci possiamo considerare in servizio - aggiunse, non voleva dare l'idea di lasciarsi andare troppo. Ma la cena lo aveva rinvigorito e un paio di interrogativi lo perseguitavano.

- Faccio un salto in cucina e sono subito da lei, dottore – disse l'agente Portalupi che, alzandosi, sorrise fra sé pensando che ci stava riuscendo a bere un bicchiere di vino con il commissario e che avrebbero discusso il caso insieme, come nei film.

- Cosa abbiamo, Portalupi? - chiese il commissario non appena si furono sistemati, due calici di vino bianco e per l'agente un piatto di pesce con patate - ricapitoliamo: un uomo ucciso a bruciapelo nel suo giardino, una specie di eden, dell'arma nessuna traccia, una donna, compagna e quasi moglie, decisamente bella e dove c'è una bella donna a me viene il solletico al naso, un po' austera forse, una casa splendida, tutto conduce all'eleganza, alla raffinatezza, niente a che vedere con la brutalità di un assassinio. Sorseggiò il vino - buono - pensò - poi questa barca che potrebbe essere il mezzo di arrivo e di fuga dell'assassino. Del movente nessuna idea -

- Soldi, commissario - si affrettò a dire l'agente Portalupi tra un boccone e l'altro - vendetta, Alfieri non era uno stinco di santo, ci scommetto. Io lo conoscevo poco, non era da molto che viveva qui ed era un tipo riservato, ma domani cerchiamo informazioni: sono sicuro, sicuro, che qualcosa di poco pulito lo troviamo. Dove ci sono affari ci sono soldi e, magari, qualche fattaccio di famiglia -

- Niente conclusioni affrettate. Portalupi, mi deve chiarire una cosa che non ho chiesto alla signora - chiese il commissario - in questo paese, i residenti hanno un parcheggio privato? -

- Sì, commissario, nel parcheggio sotterraneo ci sono i posti riservati, altrimenti, sa che disagio! - rispose l'agente -

per i turisti è un vero problema il costo del parcheggio. Le multe fioccano come neve d'inverno - e, terminato il cibo, bevve un lungo sorso di vino.

- E della pistola, che mi dice? - chiese il commissario, con il taccuino che aveva preso dalla tasca e aperto sul tavolino.

- Di piccolo calibro, ha detto la scientifica, le sarà più preciso il medico legale dopo l'autopsia -

- I signori possedevano un'arma? -

- Non lo so, commissario - rispose l'agente, un po' timoroso di dover ammettere che non aveva quella informazione - ma non credo, non mi sembrano i tipi. Domani provvederò subito ad informarmi -

- No, non fa niente, domani vedrò ancora la signora - rispose il commissario, che ormai aveva bevuto l'ultimo sorso di vino e, pur desiderandone dell'altro, non osava esporsi così tanto con Portalupi.

- Dell'altro vino, commissario? - gli lesse nel pensiero l'agente - adesso deve provare il rosso delle nostre colline - non gli diede il tempo di rispondere che già era sparito verso la cucina.

Se il vino bianco aveva ben contribuito a rilassare il commissario, il rosso gli diede il colpo di grazia e al secondo bicchiere lui e l'agente Portalupi sedevano a proprio agio al tavolo, le sedie un po' scostate, scambiandosi impressioni e commenti.

- Quando c'è di mezzo una bella donna, Portalupi, i soldi rappresentano solo la seconda ipotesi, la prima è la gelosia, la furia di una donna che si scatena per rivendicare la propria bellezza -

- Piacere, commissario - sopraggiunse il padrone del ristorante interrompendo quel flusso di pensieri - tutto bene? -

- Sì, grazie - rispose un po' svogliatamente il commissario.

- Volevo scusarmi con lei, siamo stati un po' lenti con il servizio questa sera, ma la cameriera non si è presentata al turno del pomeriggio, neanche una telefonata, dico io!

Non c'è più rispetto per il lavoro al giorno d'oggi -
- Non si preoccupi, sono stato benissimo - rispose il commissario.
I tre uomini restarono un poco a parlare e finalmente il padrone del ristorante li lasciò.
Fuori il tempo si stava guastando, si era alzato il vento e fu quando Portalupi lo fece notare che il commissario alzò lo sguardo sull'agente, che si spaventò.
- Che c'è, commissario? Sta bene? - il viso dell'uomo appariva ora alterato.
- Portalupi! Che stupido sono stato! - esplose il commissario - vada subito alla villa e dica alla signora di aspettarmi, che ho bisogno di vederla prima che vada a dormire. Sia gentile, dica che vorrei proprio parlarle con urgenza -
- Sissignore, certo! - disse l'agente alzandosi prontamente dalla sedia. Avrebbe voluto chiedere al commissario che cosa gli frullasse per la mente ma si trattenne.
- E chiami un paio di agenti, che stiano fuori dalla casa, senza farsi vedere, ma pronti ad intervenire. Ci vediamo là fra una decina di minuti. -
Il commissario si alzò anch'esso dalla sedia e andò ai servizi a rinfrescarsi il viso. Uscì dal ristorante e si avviò verso la casa, che distava solo un centinaio di metri dalla piazzetta. Rabbrividì notando che il vento portatore di un temporale spazzava i vicoli, i turisti erano scomparsi, gli sembrò di essere in uno di quei luoghi delle favole dove i viandanti incontrano i banditi, si ritrovò suo malgrado a voltarsi e a guardare furtivo. Le serrande dei negozi erano abbassate, il lago ora appariva minaccioso, le barche ondeggiavano e l'isola sembrava spiare il paese.
In poco tempo giunse davanti al cancello della villa, dove incontrò l'agente Portalupi, ancora ansimante per la fatica della corsa.
- La signora Cortesi la attende, commissario - gli disse prontamente - solo qualche minuto, è sola, pare che la cameriera se la sia svignata, che non voleva restare in una

casa dove è stato ammazzato un uomo! -
Nel vedere che la macchina della polizia con due agenti
a bordo sopraggiungeva all'entrata del viale, il commissario fece loro cenno di fermarsi e si avviò verso la casa.
Superò il cancello e, percorso il vialetto, entrò dalla porta
aperta. All'interno erano poche le luci accese e faticò a salire le scale, ma al secondo piano la luce della camera fil-
trò da sotto la porta indirizzandolo verso dove si trovava
ad attenderlo la signora Cortesi.
Bussò leggermente e ad un deciso invito che udì sopraggiungere dall'interno spinse la porta e, per la seconda volta in quel giorno, si trovò in quella stanza.
Se nel pomeriggio la camera aveva evocato nel suo cuore pensieri di benessere e raffinatezza, in quella buia sera
portatrice di temporale gli pesò sull'animo come un ma-
cigno improvviso.
La signora Cortesi era in piedi accanto alla finestra spalancata, splendida nel suo abito da sposa.
- La aspettavo, commissario - gli disse, distogliendo il viso
dal lago e guardando affascinata quell'uomo così distinto.
- Lo so, signora - rispose.
- Lei è un uomo troppo intelligente per aspettare domani
– disse, rivolgendo nuovamente lo sguardo alla finestra.
 - Lei mi lusinga, signora - rispose il commissario, un po'
sorpreso - ma ho qualcosa da dirle, vuole ascoltarmi? -
non ricevendo risposta, continuò
- La bellezza per lei è tutto, vero? - disse il commissario - la sua bellezza, l'eleganza, ma la bellezza sfiorisce,
non oggi, forse, ma presto, e lei lo sa. E ne è impietrita.
Quindi, ecco, un matrimonio, un uomo che la fa sentire
ancora giovane e desiderabile. Ma lui ha giocato sporco,
vero? Ancora piacente, un po' frivolo, si lascia ammaliare
da un'altra bellezza, quella di una ragazza del posto, una
cameriera. Lei dubita ma non ne ha la certezza, è felice
per la bella cerimonia di domani, quando risplenderete
nei vostri abiti, ammirati e invidiati da tutti. Ma oggi, alla

vigilia della cerimonia, è capitato qualcosa, un segnale, forse, o forse il suo amor proprio la fa decidere che deve conoscere la verità: esce con la scusa degli ultimi acquisti, prende la macchina ma dopo poco rientra, non lascia l'auto nel parcheggio privato, dove verrebbe notata, così la lascia nel piazzale, in mezzo a quelle dei turisti, mette il biglietto del pagamento della sosta, non vuole neanche rischiare di prendere la multa, che sarebbe la prova del suo passaggio. Arriva a casa, senza far rumore cerca il suo futuro marito e lo trova in giardino che parla al telefono. I toni sono inequivocabili, le basta, entra in casa, prende la piccola pistola che tiene nella vetrinetta in salotto su un cuscino di velluto, la carica, ritorna dall'uomo che l'ha ingannata e con sangue freddo gli spara, non gli da nemmeno il tempo di rendersi conto di cosa gli stia accadendo, lei vuole risolvere la questione in fretta. Getta la pistola nel lago ed esce. Ripresa l'auto si fa vedere a sbrigare frivole commissioni per un paio d'ore, quindi torna a casa e recita la sua commedia. Avrà cura di posizionare sul cuscino di velluto dove prima c'era la pistola un piattino di ceramica, per non dare nell'occhio, la cameriera lo noterà ma la licenzierà subito per non darle il tempo di riferire tale particolare. Infine getta nel cestino della carta il foglietto del parcheggio, che però cade a terra - il commissario si ferma - È andata così, vero? Potrò verificare senza problemi i particolari mancanti, ma ora non ho fretta, preferisco rimanere qui a parlare con lei - il commissario si sentì improvvisamente stanco, svuotato. Avrebbe voluto sedersi, ma il suo istinto lo teneva all'erta.

Per qualche minuto la signora Cortesi restò immobile, senza parlare, poi, lentamente, si girò e mosse pochi passi, fruscio di stoffa. Prese dal tavolino la fotografia che la ritraeva e la guardò, assorta, quasi volesse impossessarsi nuovamente della sua figura di un tempo, avere ancora negli occhi la gioia e l'aspettativa di chi ha tutta una vita davanti a sé.

- Quando l'ho vista, oggi, ho avuto subito la certezza che avrebbe capito, che mi avrebbe letto dentro, è diventato subito parte integrante della mia casa e della mia anima. Ho capito che ero perduta - ora la signora Cortesi guardava il commissario negli occhi e, anche se dall'altra parte della stanza, il suo sguardo lo fece rabbrividire - la certezza del tradimento è stato solo come togliere l'ultimo velo dal viso, l'ultima nitida consapevolezza della fine: lui non mi amava e lo sapevo da tempo. Non potevo più sopportarlo, quando guardava le vecchie fotografie faceva il paragone con la donna che aveva accanto ora, che sfioriva giorno dopo giorno. Stavo diventando per lui una rosa appassita. Sa, commissario, credo di essere stata stregata dalla bellezza di questi luoghi, impermeabili al tempo. Un luogo può cambiare, modificare la sua bellezza, aumentarla, anche. Ma noi, noi non possiamo, la bellezza lascia posto al decadimento, è più della bellezza esteriore, è il raggrinzirsi della nostra essenza. Persino le ali variopinte della farfalla più bella sono polvere il giorno dopo aver colorato il cielo, mentre i cerchi che si formano nell'acqua quando vi gettiamo un sasso, le nuvole che disegnano figure nel lago, quelli, sono immortali -

Ora il silenzio della stanza sembrava sovrastare il rumore del vento e quello dei tuoni in lontananza. Sembrava che la natura volesse rivendicare il proprio trionfo.

- Solo in una cosa si è sbagliato, commissario - aggiunse la donna, languidamente - la pistola non l'ho gettata nel lago, l'ho nascosta, sapevo di correre un grosso rischio, ma ora ne sono felice, ho la possibilità di non vedere sfiorire la mia bellezza -

Ed ecco che, con un gesto inatteso quanto fulmineo, la donna mosse il braccio destro e avvicinò al viso la mano che agguantava una piccola pistola, ci mise solo pochi secondi a compiere tutta l'azione e lo sparo giunse improvviso, quanto lo scroscio dell'acqua che all'esterno scaricava la rabbia cieca del cielo.

Alla fine rimase solo una figura sottile avvolta nel lungo abito, stesa a terra, la foto rotta sul pavimento.

Quando il commissario Verano si distese sul letto della stanza d'albergo, quella notte, pensò a quella strana giornata, ogni volta che incontrava la morte ne era stupito, anche un po' elettrizzato, doveva ammetterlo. Quelle due inutili morti lo avevano deluso, in fondo. Si alzò ancora una volta a guardare il lago, si lasciò inebriare dai riflessi della luna che era spuntata allo spazzare delle nuvole del temporale. Un gatto, forse lo stesso che lo aveva accolto la mattina, passò felpato sotto un lampione, camminando a filo dell'acqua. E ritrovò la pace in quella bellezza che nessuno mai avrebbe potuto uccidere.

Vittime illustri al Sacro Monte di Orta

Il sentiero si dipanava tortuoso attorno alla collina, la notte senza luna rendeva difficoltoso il cammino per lo strano personaggio che, sguardo rivolto a terra, avanzava timoroso verso l'accesso al Sacro Monte. Dall'abbigliamento, poteva essere uno dei tanti reali di Francia, Luigi, certamente, ma la successione al trono non era dato sapere, se non forse per qualche profondo conoscitore della storia e della moda alla corte reale francese: le gambe, lunghe e magre, fasciate da calzamaglia chiare e pantaloni alle ginocchia, sforbiciavano tremanti, mentre i piedi, calzati da eleganti scarpe con tacco e fibbie luccicanti, incespicavano ad ogni passo sull'acciottolato sconnesso.

Svoltata la curva e alzato lo sguardo, aggiustandosi la parrucca che gli dava decisamente fastidio, vide con sollievo l'imponente entrata, il portale con la statua di San Francesco il quale, la croce impugnata nella mano alzata, faceva da padrone di casa. Ancora un centinaio di metri di tortura per i suoi piedi e la superò. Guardandosi intorno senza incontrare anima viva, proseguì il corso della strada che continuava, non meno disagevole: cappelle disseminate nel parco costituivano il prestigioso complesso del Sacro Monte, costruito fra la fine del 1500 ed il 1700, testimone di un passato illustre e orgoglio di Orta che, già bella di per sè per la presenza del lago e delle montagne intorno, si è vista arricchire da tale bellezza architettonica dedicata alla vita di San Francesco d'Assisi, con scene affollate di statue immobili racchiuse nelle venti costruzioni ad essa dedicate, ognuna raffigurante un episodio della vita del Santo. Bracieri disseminati sul terreno rischiaravano per quanto possibile il luogo, dando all'insieme un'atmosfera d'altri tempi.

Luigi, così chiameremo per il momento il nostro personaggio, fino ad una sua più puntuale presentazione, vagò guardingo e, lasciato sulla destra l'edificio romanico della

Chiesa di San Nicolao, proseguì verso la sua meta: un fabbricato un po' defilato, a due piani, racchiuso in un cortile quadrato abbellito da un orto botanico. Luigi vi giunse non senza fatica, oltrepassando le ultime cappelle e percorrendo fino in fondo un viale in terra battuta, coperto di foglie e sterpi caduti dai numerosi alberi presenti nella riserva.

Giunto sulla soglia, si trovò di fronte due uomini in abiti da lacché che gli fecero venire in mente i topi di Cenerentola tramutati dalla fata e posizionati dietro la zucca trasformata in carrozza. Tolse dalla tasca del panciotto, sotto la lunga giacca in pregiata stoffa damascata, un cartoncino rosso con la scritta dorata, che fece vedere ad uno dei due. Questi, esaminatolo con attenzione, glielo restituì con un inchino, indicandogli la via. Era questa una porta che gli fu premurosamente aperta dai due strani guardiani. Entrò. Non furono le luci, non fu la musica, né i colori o il rumore, che rapirono Luigi. Ma fu piuttosto un turbine di tutte queste cose messe insieme, un vortice di sensazioni lo risucchiò in un grande locale, cuore pulsante di una diabolica baraonda: dame dagli abiti sontuosi, reali, condottieri, prelati, moschettieri, diavoli, imperatrici egizie, contesse e signore medievali lo attorniarono. Gli girò la testa, dovette appoggiarsi al muro, appostandosi un po' scostato, per meglio abituarsi all'ambiente. Un gruppo di Napoleone Bonaparte stava chiacchierando alla sua destra, mentre Cleopatra e Nerone lo superarono, Luigi notò che da un cesto per mano all'imperatrice un serpente faceva capolino. Inorridito, si mosse avviandosi verso il centro di quella bolgia infernale. Pensò a come avrebbe fatto a riconoscere la sua preda, improvvisamente gli parve impossibile portare a termine ciò che si era prefissato. Eppure gli era sembrata una bella idea, quella di un omicidio ad una festa in maschera, dove nessuno vive la propria identità, dove è facile compiere azioni nelle vesti di qualcun altro e poi svanire nel nulla. Aveva acquistato un invito e, per posta e sotto falso nome, quel pomposo costume da Luigi qualche cosa e viaggiato per chilometri da Novara, dove viveva, fino ad Orta San Giulio, dove, in uno spiazzo isolato, aveva indossato l'abito. Aveva quindi proseguito fino al parcheggio in cima al paese, per continuare a piedi sul sentiero che dalla Chiesa del piccolo borgo parte verso il Sacro Monte. Si toccò la tasca destra della giacca, sì, la sua arma era lì, pronta per essere brandita e fare il suo dovere di assassino vendicatore. Urtò un Dante Alighieri che lo salutò cambiando di mano alla sua pregiata "commedia", poi si vide rivolgere profondi inchini da due dame dagli abiti voluminosi con sulla testa elaborate parrucche dall'altezza incredibile - Eh già! - si ricordò - Io sono il Re! - Cominciava a divertirsi. Aveva tutto il tempo di esaminare la situazione e fare ciò che si era prefissato. La sua preda sarebbe stata vestita da altolocato della Chiesa Cattolica, qualcuno di importante, non ne ricordava il nome... un certo Borromeo, così gli aveva raccontato la sua predestinata vittima pochi giorni prima durante la pausa pranzo, aggiungendo, solenne e facendo proprio il merito di tale onorificenza, che ad Arona troneggiava un monumento stile statua della libertà che lo raffigurava - il solito megalomane -, pensò Luigi. Anche se, pensò con un sorriso, anche lui non era stato da meno. Suo socio in affari, lo aveva derubato mandandolo sul lastrico. Avrebbe avuto ciò che si meritava e lui sarebbe rientrato in possesso dei suoi soldi.

Fu un gesto impercettibile, un leggero saluto con la mano che una dama dall'abito azzurro cielo, la parrucca bianca con uno strano cappello piumato e una maschera nera sul viso sottile, gli rivolse dal centro della pista dove un ballo a quadriglia impegnava diverse coppie di personaggi dei più disparati. Luigi notò dei soldati con l'armatura medievale, due mummie, contesse e marchesi, e... quello doveva essere Galileo Galilei che piroettava con una donna in abiti rinascimentali. - Che pazzia! - pensò, ma, incuriosito, si avvicinò lentamente, la dama rimaneva immobile sulla pista, mentre ali di ballerini le vorticavano intorno. La raggiunse e, come pilotati da una regìa nascosta, si diedero entrambe le mani, cominciando il ballo. A Luigi pareva di sognare, girò vorticosamente, diede le mani a contesse, fate, streghe. La dama si muoveva sinuosamente, scompariva e riappariva davanti a lui. Non avrebbe mai saputo dire, tanto più che non ne avrebbe più avuta l'opportunità, dato l'epilogo della vicenda che fra non molto sarà svelato, quanto durò quel ballo. Alla fine si sentì trascinare per mano e, inebriato dalla musica, si lasciò guidare. Si ritrovò all'esterno, a correre lungo i viali che sinuosi costeggiavano le cappelle dalle diverse forme, porte in legno e grate dietro le quali statue variopinte li guardavano severe e paurose in quella lugubre atmosfera, fino alla Chiesa che aveva visto di sfuggita arrivando, davanti alla quale una vista sublime si apriva sul lago, con l'isola di San Giulio in primo piano, magnifica nelle luci della notte.

Alla fine raggiunsero un pozzo riparato da una costruzione di forma circolare, al quale Luigi si appoggiò, ansimante, le mani sul freddo ferro che ne riparava l'apertura, Si girò verso quella strana dama, ma la maschera gli impediva di vederne il volto, lei gli portò una mano alla bocca, in segno di silenzio. Fino a quel momento non si erano detti nemmeno una parola. Luigi pensò che se non fosse stato per il motivo per cui era lì, che di romantico aveva ben poco, sarebbe stata veramente una notte magica. La dama, tolta la mano, gli pose le labbra sulle sue, fu un momento molto dolce, ma anche l'ultimo che avrebbe vissuto Luigi nella sua scellerata vita, ma ancora lui non lo sapeva. Assaporò l'attimo ma poi, tornato vigile, si scosse, bisbigliò qualcosa all'orecchio della donna e si allontanò lentamente. Doveva cercare la sua preda, era il momento di agire. Prima di perdere di vista il pozzo oltre la siepe, si girò e vide la dama ancora appoggiata all'elegante costruzione, immobile nella poca luce che il luogo offriva. Ritornò verso il fabbricato dove si stava svolgendo la festa ma, proprio in quel momento, un corteo di personaggi rotolò all'esterno, facendo un gran baccano. Luigi si vide ancora sfilare improbabili coppie di dame con militari, fattucchiere con uomini in elegantissimi vestiti, personaggi con maschere dalle fogge più diverse che lasciavano trasparire dai visi truccati solo occhi luminosi nella notte e labbra rosse, strisciavano lungo le mura delle cappelle, girando intorno alle colonne, ridendo. Fu allora che notò il personaggio che stava alla testa del corteo, alto e magro, lungo abito ecclesiastico, bianco, coperto fino all'altezza della vita con una larga mantella rossa, copricapo dello stesso colore, barba e naso acquilino, chiaramente posticcio, portamento regale. Luigi pensò che doveva essere importante. Si avvicinò e chiese ad una sacerdotessa greca chi fosse. Ed ecco che aveva trovato la sua vittima: Carlo Borromeo, Arcivescovo in vita e Santo dopo la morte, o meglio, Giulio Maria Di Cornalba, colui che gli aveva rovinato la vita e che ora stava per pagare le sue malefatte. Si accodò, adeguando il passo a quella specie di danza scomposta.

Seguì Carlo Borromeo, così Luigi appellò mentalmente la sua preda, ormai immerso nell'atmosfera d'altri tempi che stava vivendo. Non si sentiva nemmeno nervoso, tutto era così irreale, pensò che l'omicidio che stava per compiere non era altro che una farsa, una parte della scenografia della festa, per divertire gli invitati. Non si poteva uccidere un uomo già morto quattro secoli prima, sorrise fra sè. Lo vide inaspettatamente appartarsi, - Che fortuna -, pensò Luigi, mentre lo scorse andare verso il pozzo, dove si fermò appoggiandosi, come Luigi stesso aveva fatto poco prima. La sua misteriosa dama non era più lì, doveva aver raggiunto il corteo. Luigi si avvicinò con passo pigro, come un invitato qualsiasi, anch'esso desideroso di un momento di tranquillità. Ed eccoli lì, pochi istanti più tardi, improponibile coppia, Luigi qualche cosa, Re di Francia, e Carlo Borromeo, Arcivescovo in Roma negli anni in cui la controriforma scuoteva gli animi, che visse per il bene della Chiesa cattolica difendendone i santi principi, la povertà e che aveva voluto destinare il convento del complesso architettonico dove ora si trovavano ai frati francescani, personaggi che avevano vissuto a duecento anni di distanza e che ora la magia della festa aveva fatti incontrare, come un balzo nel tempo. Fu Carlo Borromeo che, senza nemmeno guardare il suo vicino, parlò per primo - Splendida festa! -. E Luigi ebbe la certezza che era la persona che stava cercando, la voce profonda da accanito fumatore glielo aveva confermato. Fu un attimo, la lama colpì e l'Arcivescovo Carlo Borromeo, o meglio, Giulio Maria Di Cornalba, non avrebbe mai saputo se anche il suo occasionale compagno era d'accordo circa la bellezza di quella festa, che per lui si era trasformata in una cerimonia di morte. Luigi si staccò dal corpo che scivolò esamine lungo la parete rotonda del pozzo. La macchia rossa si allargava sulla veste bianca ma la mantellina color vermiglio nascondeva bene il nuovo disegno che si andava formando verso il ventre dell'uomo. Era stato facile, pensava mentre si allontanava, dirigendosi verso la casa, dove gli altri invitati si erano evidentemente ritirati, dato che lungo i viali del Sacro Monte si vedevano in quel momento solo alcune dame sparse qua e là, con relativi cavalieri al seguito. Luigi si voltò ancora verso il pozzo e vide con sollievo che da quella prospettiva il corpo della sua vittima non si poteva scorgere.

Sospirò, era fatta! Ora non gli rimaneva che avviarsi verso il sentiero, raggiungere la sua auto e tornarsene a casa a Novara. Quando avrebbero trovato il cadavere lui sarebbe stato lontano.

Ma non aveva fatto i conti con l'imprevedibilità che è propria della vita e che ci fa l'occhiolino quando meno ce lo aspettiamo. E per lui il destino in quel momento era impersonato dalla dama con cui aveva ballato prima di diventare un assassino. Lo aveva raggiunto accanto ad una cappella dalla forma circolare e ora lo cingeva con le braccia. Luigi per un attimo temette che potesse averlo visto uccidere, ma non era possibile, la distanza e la scarsa luce del luogo, oltre alle provvidenziali siepi che numerose costeggiavano i sentieri, lo avevano sicuramente coperto. Lo condusse verso il luogo della festa e si misero a ballare nel cortile, fra le piantine di erbe aromatiche. Luigi era combattuto, doveva andarsene subito, fuggire, ma quella donna lo ammaliava. Si lasciò trasportare. Ma un improvviso chiasso, accompagnato dallo spalancarsi della porta che dal salone si affacciava all'esterno li scosse.

La bolgia di personaggi irruppe all'esterno, improvvisamente si trovarono sommersi dalla stravagante folla e si strinsero, allarmati. Fu poco dopo che, in coda alla parata, uno schieramento di uomini con pantaloni sotto le ginocchia, camicie bianche e giacche, uscì con passo deciso, facendo rullare ingombranti tamburi. Si fermarono accanto alla stessa cappella circolare dove pochi minuti prima aveva abbracciato la sua misteriosa dama, dall'interno immobili cavalli al galoppo su di un carro di fuoco guardavano indifferenti la scena, tutti intorno ammutolirono. L'unico rumore era quello del rullo dei loro strumenti.

Luigi e la dama, travolti dalla folla, continuavano a rimanere stretti l'uno all'altra, guardando stupiti l'evolversi di quella strana situazione.

I tamburi tacquero improvvisamente. Uno degli uomini si staccò dagli altri, era questi di bassa statura e con un copricapo con ghirlanda tricolore, allo stile francese nel secolo in cui la rivoluzione scosse la terra. Si fermò e srotolò una specie di pergamena. Prese tempo, poi lesse a voce alta un editto, parole ben scandite che suonarono come una condanna a morte. Sì, era veramente una festa eccellente, pensò un sempre più allarmato Luigi, con tanto di rappresentazione storica. Però adesso cominciava a piacergli un po' meno tutta quella baraonda, doveva svignarsela il più presto possibile. Cercò di scollarsi di dosso la dama, ma l'abbraccio della donna era troppo stretto, provò ripetutamente mentre il banditore, finita la sua pomposa lettura, aveva riarrotolato il foglio e il rullo dei tamburi aveva ripreso incalzante. Luigi si sentì afferrare da più mani e udì la sua dama urlare mentre veniva trascinata via. Non ebbe il tempo per nulla, se non per cercare di contrastare la forza che lo spingeva verso dei gradini malamente ricavati fra l'erba, che fece sorretto da mani sconosciute fino ad uno spiazzo del terreno leggermente sopraelevato, intorno silenziose cappelle, lignee statue di San Francesco che non potevano fare nulla per impedire ciò che stava inesorabilmente accadendo. E proprio al centro vi era un'alta struttura in legno. Si sentì ripetutamente rivolgere la domanda "Avete qualcosa da dire?" da un uomo che lo trascinò accanto a quella che si rivelò all'ormai completamente terrorizzato Luigi, che a questo punto si può meglio individuare in Luigi XVI, colui che fu decapitato in piazza della Bastiglia a Parigi all'apoteosi della rivoluzione francese, essere una ghigliottina. In un attimo si ritrovò inginocchiato con la testa infilata nello strumento letale, una parte del suo cervello aspettava il termine di quella farsa, fra l'applauso della folla, mentre l'altra era completamente congelata dal terrore. E, infatti, l'applauso ci fu, acclamazioni di uomini e donne irruppero nella notte e rimbombarono giù dalla collina, fino all'acqua del lago d'Orta, ma Luigi non le sentì. La sua testa era ormai staccata dal corpo, smembrata dai ripetuti colpi della lama lasciata cadere da un improvvisato boia. La situazione precipitò, la dama che aveva reso felici gli ultimi momenti di vita di Luigi fu legata e portata via, il corteo si mosse disordinato e in poco tempo scomparve all'interno del fabbricato dove la festa proseguì fino all'alba, quando un serpente colorato di persone dai visi stravolti da ore di baldoria strisciò lungo il sentiero, fino ad Orta, ed oltre.

Sono le prime luci del giorno che scoprono uno scenario che in quella terra di lago non si dimenticherà tanto facilmente: la collina con il percorso intorno alle cappelle che raccontano con migliaia di statue immobili la vita di San Francesco d'Assisi, i viali, le siepi e gli alberi, il convento dei frati e la Chiesa con il chiostro a fianco, i bracieri ormai spenti, tutto avvolto in una leggera nebbia, teatro di un duplice omicidio. Due inquietanti forme a un centinaio di metri di distanza l'una dall'altra si confondono nelle brume mattutine di un ottobre insolitamente caldo: una, un pozzo, l'altra, una ghigliottina, sentinelle silenziose, ognuna custode di un corpo: l'uno, tale Giulio Maria Di Cornalba, ucciso da una mano armata di una lama sottile, l'altro, Giuseppe Ferrantini, dalla scelleratezza umana. Omicidi dei giorni nostri, dei quali si occuperanno indaffarati e inorriditi uomini in uniforme chiamati di prima mattina al Comando di Orta San Giulio. Ma questa non è una storia molto interessante, a noi piace pensare all'Arcivescovo Carlo Borromeo, morto nel 1584 a Milano e al Re Luigi XVI decapitato nel 1793 a Parigi, che si trovano per caso in terra piemontese all'alba di una nuova giornata, non uccisi, no, non si può uccidere un uomo morto, ma vittime illustri della storia, che trascorrono qualche ora sulle belle sponde del Lago d'Orta.

Biglietto senza ritorno

A Pettenasco il battello attraccato al pontile sostava immobile sulla calme acque del lago, in una calda sera di fine agosto, mentre una folla di persone si accalcava per salire a bordo. Al cenno dell'uomo in divisa del Servizio di Navigazione del Lago d'Orta, uomini, donne e bambini salirono chiassosi sull'imbarcazione. Un uomo, calcando con passi veloci il legno della passerella, salì per ultimo, l'Azalea si staccò dal molo e rullò tagliando l'acqua. Navigò per circa mezz'ora sfilando davanti all'abitato di Pettenasco, poi lungo la riva costeggiata dalla strada provinciale, fino alle prime case di Omegna, sulla punta estrema del lago, fermandosi nella zona d'acqua prospiciente la cittadina, mentre la luce della sera si trasformava in buio notturno e l'aria si rinfrescava. L'atmosfera era festosa e i più temerari presero posto contro i parapetti quando la barca fu messa di fianco e il motore spento. Altri si accalcarono cercando la visuale migliore, pochi restarono rintanati al coperto. Comparvero elaborate macchine fotografiche per cogliere lo spettacolo che di lì a poco sarebbe esploso nel cielo. Una donna bionda sembrò cercare qualcuno, un uomo cambiò di posto nei sedili sottocoperta, seguendola con lo sguardo, chissà, forse sperava in un incontro romantico. Risate e chiacchiere, poi... tre colpi annunciarono l'inizio. I visi si rivolsero verso l'alto e... ghirlande colorate, fiori, steli nascenti dall'acqua per incrociarsi fra di loro, stelle dorate, cuori argentati, apoteosi di esplosioni colorate riempirono quel quadro notturno per un tempo indefinito, fra scoppi di fuochi d'artificio che terminarono in un cielo completamente rischiarato a giorno. Applausi scrosciarono al termine, mentre le imbarcazioni che numerose avevano sostato sullo scuro specchio del lago, ripartirono frettolosamente. Anche l'Azalea si mosse, dapprima pigra, poi accelerò, navigando in uno spettacolare lago di buio quasi totale, rotto solo, oltre che dai fari delle barche, da quelli delle macchine in fila sulla Provinciale e dalle luci riflesse dalle case sparse sulla collina. Giunto a Pettenasco approdò, riconsegnando al suolo persone infreddolite ma felici, e ripartì per le ultime due fermate, Orta e Pella, dove il capitano lasciò, insieme al collega, l'imbarcazione e, tirata la corda a fine pontile, scesero a terra.

L'Azalea si apprestò così a trascorrere la notte, cullando dolcemente il passeggero che, immobile sottocoperta, incurante della fresca brezza notturna, avrebbe dovuto attendere il mattino per essere scoperto.

Il commissario Federico Durso sospirò scendendo dall'auto d'ordinanza nel parcheggio di Pella, non ci voleva proprio, una chiamata di prima mattina e di lunedì, per giunta! Ma, avviandosi verso il pontile dove l'Azalea era ormeggiata, si era già dato un contegno e quando salì sull'imbarcazione era il commissario serio e professionale che tutti conoscevano. Il capitano era seduto su uno dei sedili esterni, la testa fra le mani, mentre il suo collega se ne stava in piedi accanto a lui, pallido come un cencio. Gli agenti di Polizia che erano giunti per primi sul luogo, lo informarono velocemente dei fatti. Quella mattina i due uomini, arrivati verso le otto, avevano scoperto il corpo di un uomo. La sera prima il battello aveva fatto servizio da Pella a Omegna, con fermata ad Orta San Giulio e Pettenasco, per lo spettacolo dei fuochi d'artificio della festa del Santo Patrono. Al rientro a Pella, il capitano e il suo aiutante avevano lasciato come d'abitudine il battello attraccato per la notte, senza aver notato nulla che facesse presagire la scoperta del mattino. Il commissario andò dove gli era stato riferito fosse il corpo. Era questo sotto un sedile della parte coperta dell'imbarcazione, accasciato e in una pozza di sangue, il colpo inferto alla fronte era stato spietatamente efficace. Dell'arma nessuna traccia. L'uomo sembrava sui quarant'anni, elegante e ben curato. Il commissario tornò all'esterno e si avvicinò al capitano e al suo collega che gli riferirono della serata precedente: era abitudine annuale quel servizio, per chi non voleva tribolare con il parcheggio ad Omegna e voleva vedere i fuochi d'artificio comodamente dal lago. A Pella erano salite una ventina di persone, a Orta qualcuna in più, mentre i più numerosi erano saliti a Pettenasco. Dalla vendita dei biglietti erano circa un centinaio di persone, fra locali e turisti. I biglietti non erano però nominativi e non era quindi possibile risalire all'identità di coloro che avevano partecipato alla crociera. Quella mattina il capitano aveva scorto un fagotto spuntare fra i sedili di sottocoperta, aveva pensato ad uno zaino dimenticato, ma, avvicinatosi, aveva fatto la macabra scoperta.

Il commissario ringraziò i due uomini, congedandoli. Attese il medico legale che, esaminato il cadavere, gli confermò quanto già evidente: uccisione con un colpo alla testa, inferto con un oggetto molto pesante, che aveva fatto scempio. L'ora della morte risaliva a circa dieci ore prima. Il commissario si chinò sul corpo e cercò nella tasca della giacca di buon taglio il portafoglio. Lo trovò senza fatica e identificò il morto in Matteo Colombo, residente a Milano. Cercò il cellulare ma non lo trovò. Due punti a favore dell'assassino, niente arma e niente cellulare, ottima fonte di indizi, pensò.

Scese dal battello e diede disposizioni ai due agenti di tornare al comando e contattare gli hotel per scoprire se l'uomo figurasse fra i clienti.

Si avviò verso l'auto e guidò fino al commissariato di Omegna. Alle undici gli fu riferito l'esito delle ricerche.

- Il nostro uomo era all'hotel "L'approdo" di Pettenasco. Solo. -

- Grazie - rispose il commissario – Andiamoci subito -

Il tragitto fra Omegna e Pettenasco é di pochi chilometri e una ventina di minuti più tardi il commissario scese dall'auto ed entrò nell'hotel attraverso la porta a vetri.

Una donna bionda in corto abito scuro venne loro incontro, presentandosi come la direttrice. Apprese con aria di circostanza l'accaduto.

- Possiamo vedere la camera del signor Colombo? -

- Certamente – rispose la donna, prendendo una chiave elettronica e accompagnandoli al piano superiore. Il commissario sbirciò il numero sulla tessera: suite 300.

Dopo pochi minuti furono in una stanza con vista sul lago, l'isola di S.Giulio che si stagliava all'orizzonte, magica e misteriosa. L'arredamento elegante, una borsa aperta sul letto, poche cose lasciate sul comò, un depliant della città di Milano, un libro, un tablet, la chiave dell'auto, che il commissario prese.

- È la nostra camera più bella – precisò la direttrice con una nota di orgoglio nella voce

- Quando è arrivato? - chiese il commissario

- Devo chiamare le ragazze della reception, che erano in servizio ieri -

Poco dopo il commissario aveva di fronte due ragazze in divisa nera e camicia bianca, fu una delle due che riferì:

- Il signor Colombo é arrivato ieri pomeriggio verso le cinque, in auto e solo. Aveva telefonato in mattinata per prenotare una sola notte, la suite si era appena liberata, é stato davvero fortunato, l'hotel é sempre al completo in questo periodo. Gentile e riservato, é salito in camera. Non ha cenato in hotel -

- Quindi non ha parlato con nessuno degli altri clienti? -

- Non saprei dirle, non credo, é uscito verso le sette e trenta, ricordo di averlo salutato. Poi non lo abbiamo più visto -

- Non ha detto che avrebbe preso il battello? O chiesto informazioni per dove recarsi a cena? -

- No, commissario -

- Però che sarebbe andato in battello l'ho scoperto io, per puro caso – intervenne l'altra ragazza, schiarendosi la voce.

Si voltarono nella sua direzione
- Un ragazzo ha portato una busta per lui, saranno state le sei, l'ho chiamato in camera. Ero sola alla reception, la mia collega era andata in pausa. Lui è sceso subito e, aprendo la busta davanti a me, ho visto il biglietto della Navigazione del Lago -
- Conosceva il ragazzo? - chiese il commissario
- No, ha detto solo che la busta era per il signor Colombo ed è corso via -
- E lui non ha fatto commenti? O chiesto qualcosa? -
- Subito si è allontanato dalla reception ma è ritornato poco dopo per chiedere dove fosse il molo. E come avrebbe fatto a tornare e ad acquistare il biglietto per il ritorno, visto che nella busta aveva trovato solo quello di andata. Gli ho spiegato che non serviva un altro biglietto, perché nessuno sarebbe sceso dal battello, che si sarebbe fermato in acqua per vedere lo spettacolo dei fuochi -
- Bene, grazie, signorina. Un'altra cosa: sapete se altri clienti dell'hotel hanno partecipato alla crociera? -
- Si, qualcuno, se vuole li cerchiamo -
- Grazie, ve ne sarei molto grato – rispose il commissario
- ora possiamo vedere l'auto del signor Colombo? -
- La accompagno subito nel posteggio -
L'auto era una Audi A4 bianca con targa della provincia di Milano, quasi nuova. Al suo interno, perfettamente pulito, nulla di rilevante. Solo un fascio di carte sul sedile posteriore, che al cenno del commissario vennero prese per un più attento esame.
- Bene, per ora può bastare. Grazie a tutti. Vi chiederei se poteste cortesemente radunare, diciamo per le quattordici, i clienti che sono stati sul battello.
La direttrice si premurò di impegnarsi in tal senso. Il commissario lasciò l'hotel.
Poco dopo era seduto alla sua scrivania.

- Allora? Cosa abbiamo? - iniziò, come era solito fare, quando aveva a che fare con un caso di tale portata. Caffè alla mano, riepilogò i fatti.
- Trovato qualche parente? - chiese
- No, commissario, non ancora –
- Occupatevene subito – comandò – E dobbiamo parlare con più gente possibile che si trovava ieri sera sul battello, diramiamo un comunicato, magari il ragazzo della busta si fa vivo, e ritentiamo negli hotel. Vediamo anche se vi alloggia qualcun altro di Milano o zone limitrofe, può essere una pista -
- Agli ordini -
Più tardi fu trovata la sorella del signor Colombo, Laura, la quale viveva a Milano come il fratello. Sarebbe arrivata la sera.
Alle due del pomeriggio il commissario era all'hotel "L'approdo", dove una decina di persone era seduta sugli eleganti divanetti del bar, con vista sul golfo di Orta. Parlò con loro, erano tutti sul battello, la sera precedente, ma, vista la fotografia sulla carta di identità dello sfortunato ospite, nessuno ricordava di averlo visto. Solo a una donna di mezza età sembrò di ricordare un uomo che, appena salito, si era ritirato nei posti coperti, gli sembrava proprio lui, ricordò di averlo notato perché solo e ben vestito e di aver pensato che avesse un appuntamento galante.
Ritornato in commissariato, apprese che erano stati in parecchi a telefonare dicendo che la sera precedente erano sul battello, tutti ben disposti ma con nessuna informazioni di una certa importanza. E nessuna traccia del ragazzo della commissione.
Alle sei fu informato che la sorella dell'uomo del quale era chiamato a scoprire l'assassino, riconosciuto il corpo del fratello, alloggiava all'hotel "La bussola" di Orta S.Giulio. Il commissario decise che avrebbe parlato con lei il giorno seguente.

La sera era sfinito, ma la moglie lo trascinò ad Omegna, dove era ancora festa, a casa di amici. Mentre cenava, su un balcone di uno dei condomini che si affacciano sul lago, il commissario guardò le imbarcazioni ormeggiate, pensando al mistero che doveva sciogliere.

- Allora, Federico, che ci dici del tuo omicidio? - chiese morbosamente la sua ospite, portando in tavola una torta
- Sai che non posso parlare – sorrise sornione il commissario
- Andiamo, sei fra amici! - ammiccò... - Sospetti? -
- Direi di no – rispose il commissario, abboccando all'amo lanciato dall'amica – Ma come é possibile che un uomo salga su un battello, in mezzo a cento persone, e venga ammazzato senza che nessuno se ne accorga! -
- Oh! Almeno uno se ne è accorto! - sentenziò l'amica – L'assassino! E magari qualcuno ha visto ma non ha capito la gravità della situazione. Chi pensa ad un omicidio in un momento di festa, con i fuochi d'artificio che ti scoppiano sulla testa? - Ormai la donna era partita per la tangente – E dove c'è un uomo, c'è una donna, se poi è bello l'ipotesi diventa certezza, la gelosia arriva a braccetto ed ecco un bel movente servito su un piatto d'argento! Cerca una donna tradita e avrai il tuo assassino! -
- La forza del colpo inferto fa pensare ad un uomo – rispose il commissario, ormai caduto nella trappola
- Una donna tradita ha la forza di un toro, caro mio! - fu la risposta decisa – Ho letto sul giornale che una donna ha fatto una sorpresa al marito, mentre era in viaggio per lavoro, diceva lui, lo ha sorpreso in hotel con un'altra donna e lo ha ucciso su due piedi, no, forse ha ucciso la donna, più sadico e più efficace, direi, comunque, ha afferrato un coltello e ... zac! -
- Terrò a mente i tuoi consigli, mia cara, adesso però io e mia moglie, che, per inciso, dichiaro di non tradire, ce ne andiamo a dormire, che domani mi aspetta una lunga giornata! Buona notte -

Le due coppie si salutarono e il commissario e sua moglie scesero in strada, salirono in auto e si avviarono verso casa. Allo svincolo però l'uomo decise di fare la strada della costa orientale del lago, voleva passare da Pettenasco, anche se per andare a San Maurizio, dove vivevano, sarebbe stata ben più lunga.

- Ho voglia di guidare, ti spiace, cara? - si scusò con la moglie
- Certo, ma non ti arrabbiare se mi addormento – gli rispose la donna, accomodandosi sul sedile.

Lasciò Omegna, che con le ultime note di banda e l'annuncio delle fortunate vincite al banco di beneficenza salutava il suo Santo Patrono fino all'anno successivo. La nostalgia delle cose che finiscono, si ritrovò a pensare il commissario. A Pettenasco rallentò davanti all'hotel "L'approdo", pensando alla camera vuota di Matteo Colombo, mentre lui giaceva all'obitorio di Borgomanero, e alla sorella che sicuramente non riusciva a dormire ad Orta. E a qualcun altro di cui non conosceva l'identità, l'assassino. Le parole dell'amica l'avevano colpito. Sì, poteva essere un delitto passionale, niente soldi, niente affari loschi, l'uomo pareva uno a posto. Dalle carte trovate sulla sua auto sembrava un professionista affermato, atti giudiziari e societari denunciavano un certo livello di clientela. Comunque il giorno dopo lo avrebbe conosciuto meglio attraverso la sorella. Fu superando l'hotel che ricordò una nota stonata. Il pieghevole con foto di Milano che aveva notato sul comò della camera, che bisogno ha un uomo di prendere un depliant della località in cui vive?

Il giorno successivo il commissario incontrò la sorella di Matteo Colombo all'hotel "La bussola". Si sedettero in un grazioso salotto con vista sui tetti del piccolo borgo, meta prediletta per turisti che a migliaia giungono ogni anno in questo angolo di paradiso, accalcandosi nei vicoli e riversandosi sui battelli di linea per costeggiare il Lago d'Orta, intimo e un po' cupo, forse, così racchiuso fra le montagne, ma splendido, proprio come una perla racchiusa nel suo guscio. Studiò la donna, minuta e gentile nei modi, la quale gli spiegò che vivevano entrambi a Milano ed erano avvocati. Né lei né lui si erano sposati, avendo scelto la carriera. Lei specializzata in casi di divorzi e lui in campo societario - A me le persone deluse e a lui quelle ricche! - si lasciò scappare la donna, un po' ironica. Si frequentavano poco, si sentivano circa una volta la settimana. Matteo aveva avuto parecchie donne, ma nessuna importante, per quanto ne sapesse lei. Di sicuro stava frequentando qualcuna anche in questo periodo, non era tipo da stare solo. L'ultima volta che l'aveva sentito era stato tre giorni prima, le aveva telefonato per un saluto, senza fare alcun cenno a gite al lago. Poteva prendere le sue cose? Chiese portandosi un fazzoletto fiorato al naso.

- Certo, anzi, le chiederei se potessimo andare insieme all'hotel, vorrei dare ancora un'occhiata alla stanza – rispose il commissario.

Si alzarono e uscirono dall'albergo. Nella hall il commissario incrociò lo sguardo scrutatore di una donna, sembrava cogliere informazioni. Pensò che la gente è davvero morbosa, doveva aver intuito che stavano parlando dell'omicidio e voleva scoprire qualche particolare macabro. La superò, notandone l'altezza e la corporatura formosa, il bel viso contornato da folti capelli biondi. Che bisogno aveva una così bella donna di preoccuparsi degli affari degli altri?

Poco dopo giunsero all'hotel "L'approdo" e salirono insieme alla suite n. 300. Il depliant era ancora là, sul comò. Il commissario lo prese e lo aprì. Fu nello svolgere completamente il pieghevole che ne uscì una fotografia, di quelle scattate negli apparecchi che si trovano nei centri commerciali. Riconobbe Colombo, con una donna, i visi di profilo, rivolti l'uno verso l'altra, la donna era bionda

e sembrava molto bella. La sorella gli si affiancò e guardò la foto.
- Conosce questa donna? - le chiese
- No, non mi sembra -
- Questo lo tengo io, per ora la ringrazio -
Si lasciarono.

Tornato in ufficio il commissario trovò sulla scrivania il referto dell'autopsia che confermava quanto già ipotizzato, cioè morte causata da un colpo inferto con un oggetto molto pesante e con molta forza, nessun segno di lotta, morte immediata. Bussarono alla porta e un agente gli riferì che si era appena presentato un ragazzo che desiderava parlargli. Questi, entrato in ufficio, si presentò, disse che la sera dell'omicidio era sul battello. Che ci aveva pensato e che gli sembrava di ricordare che l'uomo ucciso era salito a Pettenasco, di corsa, quando il battello stava per partire, lui era già a bordo, salito a Pella per prendere i posti migliori, lo aveva visto sedersi in fondo, sottocoperta. Lo aveva poi perso di vista, ma quando il battello stava tornando indietro, dopo i fuochi d'artificio, gli era venuto freddo e si era diretto ai posti più riparati, dove si era quasi scontrato con una donna, alta e chiara di capelli, sembrava scossa. Sul momento aveva pensato ad un litigio fra innamorati, ma magari quel particolare adesso poteva avere qualche importanza per la Polizia.
- Grazie, buon osservatore – gli disse grato il commissario e congedò il ragazzo. Chiamò il suo attendente.
- Franzosi, che mi dici degli altri ospiti degli hotel della zona? Nessuno di Milano? -
- Eh, Commissario, pare che i milanesi abbiamo avuto tutti la stessa idea, questo weekend. Ce ne saranno almeno una ventina, fra Orta San Giulio e Pettenasco. Ecco qua: due famiglie al completo, tre coppie, una donna sola, un ... -

- Dove era la donna sola? - lo interruppe il commissario
- A Orta San Giulio, hotel "La bussola", ecco qua: tale Clelia Orsini -
- Andiamoci subito – e si recarono a prendere l'auto.

Una mezz'oretta più tardi il commissario era di nuovo all'hotel "La bussola". Si diresse alla reception e chiese di poter accedere al registro dei clienti, di quelli che avevano soggiornato lì la notte di domenica. Scorse i nominativi e i relativi indirizzi. Parecchi stranieri, ma anche diversi italiani, di cui qualcuno proveniente da Milano. Ed ecco la donna che cercava... aveva prenotato una camera matrimoniale per due notti, ma era arrivata sola, gli fu spiegato, pare che il marito non avesse potuto venire.

Il commissario pensò suo malgrado a quello che gli aveva detto la sua ospite a cena, la sera precedente, doveva cercare una donna. Quindi, appuntamento galante andato male? Ma, diamine, un colpo inferto con tale violenza gli sembrava troppo per un litigio fra innamorati.

Gli fu però riferito che la signora Orsini era appena ripartita. Un lampo gli attraversò la mente. Avevano le scansioni delle carte di identità dei clienti? In breve si trovò stampato davanti agli occhi lo stesso viso della donna che quella mattina lo aveva scrutato nel salotto dell'hotel. Altro che curiosità!

- Al commissariato! - aveva premura di guardare meglio la foto caduta dal pieghevole.

Ed ecco che poco più tardi il commissario, chino sulla foto, lente di ingrandimento alla mano, riconobbe Clelia Orsini che guardava dolcemente Matteo Colombo. Afferrò il telefono, chiamò il comando di Polizia di Milano e chiese ad un indaffarato collega milanese di recarsi all'indirizzo della donna e di condurla al loro comando. Depose la cornetta e guardò l'ora. Erano già le cinque, sarebbe stata una lunga sera, ma i brividi nella schiena gli suggerivano che forse aveva trovato l'assassino, anzi, l'assassina. Quindi, la donna e Colombo avevano un appuntamento, ma qualcosa era andato storto. O era stato premeditato? Sarebbe stato utile sapere di più sull'arma usata.

Per associazione di idee, anche se lui si sentiva di non meritare una fine del genere, gli venne in mente la moglie. La chiamò al telefono, avvisandola che avrebbe tardato.

- Trovata l'assassina? - gli chiese ridendo
Come diavolo faceva a sapere... ma poi ripensò al discorso della loro amica due sere prima. Era stata una vera veggente. Mandò un bacio alla moglie e riattaccò.

- Trovata, commissario! - lo avvisò l'attendente – la stanno portando al comando -
Il commissario e il collega uscirono dall'ufficio e in breve furono in auto, alla volta di Milano.

La donna era seduta in una saletta per interrogatori. Sembrava sfinita. Il commissario entrò e si presentò.

- Non ha niente da dirmi, signora Orsini ? - la apostrofò
- Non so cosa vogliate da me. Sono appena arrivata da Orta -
- Abbiamo motivo di credere che lei abbia trascorso la serata di domenica con Matteo Colombo, la sua ultima sera di vita, per la verità. In che rapporti é, anzi, era, con lui? -
- Era un caro amico – rispose la donna, trattenendo a stento le lacrime – sono sconvolta dalla sua morte -
- E questa? Come la spiega? - e le mostrò la foto che la ritraeva in dolce atteggiamento con Colombo.
La donna cedette.

- Si, eravamo amanti. Dirò tutto, ma la prego, non dica nulla a mio marito, occupa una carica importante in una società milanese, sta entrando in politica, non può permettersi uno scandalo -
- La ascolto -
- Conosco Matteo da parecchio tempo, da un anno eravamo amanti. Domenica sono andata ad Orta, dovevo andarci con mio marito, ma lui all'ultimo non ha potuto. Così ho chiesto a Matteo di venire, soggiornando in un

altro hotel. Gli ho mandato il biglietto per la serata in battello. Ci siamo incontrati là e siamo stati insieme a vedere i fuochi -

- Quando lo ha lasciato era in vita? -

- Si -

- Qualcuno l'ha vista sul battello, scossa. Avete avuto una discussione? -

- Si, per la verità abbiamo avuto uno screzio, una lite di poco conto. Sono tornata in albergo e non l'ho più visto. Il giorno successivo ho saputo... -

- Quindi lei non lo ha ucciso? - rincarò la dose il commissario - Se aveva la coscienza a posto, perché non é venuta alla Polizia? -

- Io... - e i nervi crollarono.

Il commissario ebbe pietà di lei. Ormai l'aveva in pugno, poteva prendersi un po' di tempo. Magari lui voleva lasciarla o la ricattava, questo lo avrebbe saputo direttamente dalla donna. Si alzò dalla sedia e la lasciò sola.

Fuori dalla porta dell'ufficio un uomo elegante stava discutendo animatamente con un agente. Era il marito di Clelia Orsini.

- Non potete interrogare mia moglie come se fosse una criminale. Non le rivolgerete parola finché non sarà qui il nostro avvocato –

Il commissario si presentò e gli chiese dove fosse lui mentre la moglie era al lago

- Sono Mario Ferrari, Amministratore Delegato della "Alfa SpA" e candidato alle prossime elezioni comunali. Le rispondo perché non ho nulla da nascondere, ma non sarei certo tenuto a rendere conto a lei dei miei spostamenti – rispose sgarbatamente l'uomo – Ero a Milano. Un impegno di lavoro mi ha impedito di andare con mia moglie al lago. L'ho pregata di non rinunciare alla gita, così lei ci é andata sola -

- Bene, grazie – disse il commissario – Per ora tratteniamo la signora, fino a domani, torneremo ad interrogarla - e si congedò.

- Ormai è fatta, é evidente che l'ha ucciso lei – aggiunse all'agente che era con lui, scendendo le scale – Doveva avere le sue ragioni, lo scopriremo domani, orami sta per crollare.

Ci volle una mezz'ora abbondante per uscire dal traffico della città, la calura serale era insopportabile e il commissario trasse un profondo sospiro di sollievo non appena, un'ora più tardi, svoltò i tornanti che a Gozzano sbucano con vista sul lago e l'isola, in una prospettiva da cartolina.

Il giorno successivo una telefonata giunse al commissariato di Omegna.

- Commissario, una chiamata dall'hotel "La bussola" di Orta -

- Passamela – disse afferrando la cornetta. Era il primo giorno di settembre ma faceva ancora caldo, dalla sua finestra una luminosa mattina stendeva un velo dorato sul lago – Pronto? Si, sono io -

- Buongiorno, volevamo dirle che, riguardo la signora Orsini, la ragazza della reception in servizio domenica sera si é ricordata che verso le otto il marito della donna é arrivato improvvisamente, mentre la signora era già uscita. Poi però non si è più visto. Per questo non é stato nemmeno registrato -

Fu un senso di vertigine e di disagio che il commissario avvertì. Cosa diavolo...?

Aperto il suo computer, affidò al portarle il nome di Mario Ferrari, marito della principale sospettata dell'omicidio di Matteo Colombo e, successivamente, fece l'analoga operazione con il nominativo di quest'ultimo. Un pezzo grosso in una multinazionale e prossimo alla carriera politica, l'uno, brillante avvocato, nonché dongiovanni, l'altro. Interessante, pensò il commissario, scorse le due carriere e confrontò visi, nominativi... sì... interessante davvero. Un'occhiata ai documenti che erano stati trovati nell'auto di Colombo e batté il pugno sul tavolo. Donne! Mandò mentalmente un accidente all'amica che fra dolci e fumi dell'alcool lo aveva messo fuori strada, con le sue idee di tradimenti. Afferrò il telefono. Fu con il commissario di Milano in persona che parlò, pregandolo di convocare immediatamente il signor Mario Ferrari nei loro uffici, che sarebbe stato lì in un'ora.

L'uomo era seduto in una saletta spoglia del commissariato di Polizia di Milano, cupo e altezzoso, per farla breve, su tutte le furie.
- Cosa volete da me? - inveì contro il commissario, non appena lo vide sulla soglia – Non vi é bastato fermare mia moglie? Voglio chiamare un avvocato! -
- Facciamo che lei mi concede una mezz'oretta a quattr'occhi e io poi la lascio chiamare chi vuole – gli disse calmissimo il commissario - Cosa ci faceva lei a Orta la sera dell'omicidio? -
L'uomo parve perdere un po' della sua arroganza.
- Lei é stato all'hotel di sua moglie - pausa – Quindi? -
- Si, volevo farle una sorpresa, sono corso per prendere il battello ma era già partito, volevo aspettarla in albergo, ma proprio quando stavo per ritornarci, il mio socio mi ha telefonato per dirmi che il lunedì mattina avevamo una riunione della massima importanza, così ho deciso di rientrare subito in città –
- C'è un'altra cosa che non mi torna, sua moglie ci ha detto che vi siete incontrati sul battello. Sua moglie mente, signor Ferrari? -
- Non dirò più nulla se non in presenza del mio avvocato! - fu quanto dichiarò l'uomo prima di incrociare le braccia davanti a sè.
- Non credo che il suo avvocato le risponderà, perché al momento giace sul tavolo dell'obitorio dell'ospedale di

Borgomanero – scandì con calma studiata il commissario. Il viso di Mario Ferrari sbiancò.

- Non mi ci é voluto molto per scoprire che lei e Matteo Colombo eravate legati e, a quanto pare, lo erano anche quest'ultimo e sua moglie - fece una pausa - doveva sapere già da tempo che erano amanti, un uomo come lei, non aveva detto nulla, forse gli faceva addirittura comodo, ma i suoi affari non sono tra i più limpidi vero? Ora che aveva deciso di darsi alla politica, meglio fare piazza pulita con il passato, ma Colombo sapeva troppo, lei non poteva permettersi uno scandalo. Ha finto un impegno improvviso per non andare al lago, certo che i due amanti non si sarebbero lasciati scappare un'occasione come quella. Devo dire che é stato un po' scenografico, ma ha studiato in modo tale che sua moglie diventasse in qualche modo sua complice. Poi è arrivato all'hotel, pensando di sorprenderli, ma loro erano già sul battello, li ha trovati sottocoperta, ha finto una scenata di gelosia. Ha intimato a sua moglie di lasciarvi soli, poi ha ucciso Matteo Colombo, prendendo, come si dice?, due piccioni con una fava, eliminato l'amante di sua moglie e il testimone delle sue malefatte. Poi magari mi dice che arma ha usato. Gli ha preso il cellulare e quando ha raggiunto sua moglie non le ha detto nulla, distraendola perché non si accorgesse che Colombo non scendeva a Pettenasco. Era certo che, anche quando avesse capito che lei era l'assassino del suo amante, non avrebbe parlato, pensava che le conveniva tacere, la bella vita che conducete piace anche a lei. E poi si sarebbe sentita un po' colpevole, all'oscuro dell'altro, più interessato movente. Siete scesi a Orta, vi siete divisi e lei é ritornato a Milano. Ho dimenticato qualcosa? -

La signora Orsini fu rilasciata. Con lei il commissario sentiva di essere in debito, una piccola bugia che aveva dovuto raccontare, inventandosi che lei gli aveva detto di aver incontrato il marito sul battello, in fondo della presenza dell'uomo sull'imbarcazione non ne era così certo e senza quella certezza il castello non avrebbe retto. Un caso da risolvere é come un puzzle, ma a volte per completarlo bisogna provare a posizionare un pezzo anche se non si é certi che quello sia il tassello giusto, a volte non funziona e bisogna ricominciare da capo, ma a volte funziona.

Il commissario scese a prendere l'auto e, guidando verso il suo lago, improvvisamente, sorrise al pensiero della faccia della sua amica quando le avrebbe detto che si era sbagliata, che l'assassino non era una donna, ma un uomo e che il movente, in fondo, non era la gelosia, ma l'insabbiamento di loschi affari. Pensò con tristezza che i soldi e la gelosia detengono il primato nella classifica dei moventi per omicidio.

Squillò il telefono, era la moglie, decise che le avrebbe proposto di cenare a Pella quella sera, nella piazzetta, con la meravigliosa vista sul lago d'Orta, e avrebbero invitato anche i loro amici. Stava già assaporando la serata.

La bambola

Capitolo 1

A Vanessa il Natale non era proprio mai andato a genio, lo trovava solo il giorno apoteosi del periodo più caotico dell'anno. Rincorse a pacchetti, alberi da rendere più belli, biglietti da scrivere, obblighi familiari e dover per forza incontrare tutti, neanche fosse l'unico momento in cui sia possibile vedere amici e parenti. Faceva eccezione la vigilia, che invece le evocava famiglia, raccoglimento. Quando era bambina andava con i suoi genitori alla Santa Messa serale - quella delle nove, però, perché a mezzanotte non ce la faceva a resistere al sonno - poi, a casa, una cioccolata calda e a letto, in attesa della mattina, con i regali che l'aspettavano. Ma si, in fondo le piacevano anche le prime ore di quel giorno tanto atteso: scartare i pacchetti nella sala di casa, accovacciata davanti all'albero, fino a farsi venire male alle gambe. Poi, cominciava la parte dei preparativi, il pranzo, il via vai dei parenti. A cena se ne andavano tutti e lei si godeva i nuovi giochi, i programmi televisivi, gli avanzi del panettone. Nel complesso, la giornata trascorreva serenamente, ma, ora che era diventata adulta, le pesava quella caotica giostra di doveri e convivialità. Comunque, ogni anno si adeguava alle circostanze natalizie, andava a trovare amiche più o meno sole come lei, sbuffava del troppo lavoro e dello stress del periodo. Quell'anno si era ritrovata a trascorrere la giornata della vigilia all'aeroporto di Londra, dove aveva finito il turno del suo lavoro di hostess, e con qualche ora di permesso, in attesa dell'ultimo imbarco per Milano. Salutate le colleghe inglesi che se ne tornavano felici a casa, aveva lasciato il bagaglio al deposito del terminal e preso la navetta per il centro. La convulsione del caos prenatalizio era all'apice, con le vie strapiene di gente per l'usuale carosello della vigilia. Il bagliore delle vetrine e delle illuminazioni natalizie delle strade la rapirono e si lasciò trasportare in quella girandola di euforia. Il fiume di gente la arenò da *Harrods* dove la convulsione degli acquisti dell'ultimo minuto faceva sudare. Vanessa salì le scale mobili approdando al reparto giocattoli, quello che proprio meno le confaceva, non avendo alcuna conoscenza al di sotto dei trent'anni per la quale acquistare un gioco o qualcosa di simile. Si lasciò suo malgrado catturare dalla ricca esposizione, soffermandosi sulle bambole che, dalle loro postazioni sugli scaffali, perfette imitazioni di donne in tutte le loro età, da neonate ad adulte, parevano fare l'occhiolino a chiunque passasse loro davanti. Vanessa, da bambina non aveva amato particolarmente giocare con le bambole, non era stata una di quelle piccole donne che a partire dai quattro anni si esercitavano a fare le mamme, in previsione della loro vita futura. Ne aveva comunque posseduto un fornito numero e, ligia, se ne era curata adeguatamente, senza strafare. Fu dunque con curioso distacco che esaminò quanto il reparto femminile dei giochi offriva, pensando che le bambole caricature di donne adulte erano meglio vestite e pettinate di lei, fasciata da un ingombrante cappotto che le copriva completamente lo slanciato fisico, con la cuffia che le schiacciava i capelli color mogano. Vanessa non avrebbe mai saputo dire se fu più l'abito rosso o i grandi occhi verdi che spiccavano in quel viso contornato da capelli ramati, che la fece ammaliare a tal punto di quella bambola un po' in disparte, tanto da uscire dal flusso di gente e andarla a toccare. Le sfiorò appena la piccola faccia dal bel colore roseo, poi, timidamente, toccò l'abitino e quindi le mani, provando un brivido lungo la schiena, una sensazione di vicinanza. Che diamine! Pensò, era solo una bambola, eppure Vanessa sentì affluire nel suo corpo una strana vivacità, un'attrazione verso quel gioco inanimato. Gli occhi verdi della bambola sembravano guardare proprio lei, in mezzo alla folla, Vanessa vi lesse il desiderio di entrare nella sua vita. Non seppe resistere, non guardò neppure il prezzo, afferrò la bambola e si diresse decisa alla coda della cassa. Pagato e conquistato il bottino, incartato e imbustato in una borsa dai colori natalizi, uscì in strada con aria vittoriosa, ma anche un po' confusa, chiedendosi che cosa le fosse preso. Non aveva alcuna intenzione di fare acquisti e tanto meno di un giocattolo, ma ora camminava decisa nella folla con la grande busta sotto braccio. Guardò l'ora e decise di avviarsi all'aeroporto, data la grande affluenza di gente le conveniva non perdere tempo. Arrivò trafelata al terminal e si imbarcò di corsa, salutò appena le colleghe, si aggiustò la divisa e ritoccò il trucco nella piccola toilette dell'aereo. Si ricordò che non aveva mangiato e trovò pesante il volo, le mansioni a cui dovette attenersi le fecero venire un gran mal di testa e arrivò a Milano esausta.

Recuperò l'auto e in un'ora fu a casa, una piccola villetta a Pettenasco, un grazioso paese sulla sponda orientale di un lago che rispecchiava montagne e bei borghi, la cui atmosfera attirava turisti per la maggior parte dell'anno. La sera era fredda, la gelata dei giorni precedenti copriva con un chiaro strato i prati. Il cielo stellato e terso le ricordò un presepe, decisamente appropriato alla notte appena cominciata. Dovette sforzarsi per mangiare qualcosa e dopo un bagno caldo si mise la camicia da notte di flanella. Le campane della Santa Messa solenne che in paese accoglievano Gesù le fecero ricordare che per il giorno successivo, Natale, lei non aveva niente in programma. Che importava? Qualche telefonata di auguri, un pranzetto solitario, magari sarebbe uscita alla sera con un'amica, una di quelle che, come lei, non avevano mariti e figli elettrizzati dall'euforia della giornata. Scartò la bambola e la depose sotto il piccolo albero di Natale che aveva posizionato, già addobbato con timide luci e svariate palline multicolori, nell'angolo della sala, la cui vetrata faceva da cornice al lago, con l'isola di San Giulio che si poteva scorgere sulla sinistra. Pensò che forse avrebbe fatto meglio a lasciarla avvolta dalla carta colorata, per farla sembrare un regalo, ma rise fra sé e depose la bambola accanto a due scatole di cioccolatini che aveva ricevuto da un'amica e una collega, consegnatele insieme a frettolosi auguri di buone feste. La mise seduta, l'abitino rosso ben steso sulle gambe, le braccia rigide lungo il corpo, la studiò un po' e pensò che probabilmente quella doveva essere la caricatura di una bambina di una decina d'anni, se la immaginò, chissà perché, esuberante e viziata. A Vanessa sfuggì involontariamente un *"buona notte"*, pronunciato a mezza voce, e se ne andò a letto. Malgrado la stanchezza tardò ad addormentarsi, poi, sfinita, si abbandonò al sonno che durò poche agitate ore, mentre fuori la gente, dopo essersi attardata ai falò accesi nelle piazzette delle frazioni intorno, se ne tornava a casa, felice di aver festeggiato l'arrivo del Bambino venuto a redimere gli uomini. Trascorse la notte più magica dell'anno.

Capitolo 2

Il profumo di uova fritte e caffè la fecero fluttuare per qualche minuto fra antichi ricordi di giovanili ore, di colazioni consumate alla grande tavola della cucina della nonna, colma di succulenti leccornie. Poi, gli occhi spalancati al mondo che si stava svegliando con lei, Vanessa si ritrovò seduta sul letto, in uno stato d'animo che era improvvisamente passato dal benessere di idilliache visioni a una specie di irreale sensazione di ansia, un brutto presentimento le affiorò alla coscienza. Percepì la consapevolezza di trovarsi casa sua, seduta sul suo letto, in un indefinito presente, mentre qualcuno di là stava preparando la colazione! Stette in quella posizione per un tempo indefinito, sul filo fra realtà e sogno. Il profumo, intenso e inequivocabile, proveniva dalla cucina, Vanessa ne era certa! Di per sé, non si trattava di nulla di eccezionale, se non si vuole considerare il fatto che lei viveva sola e che nessuno le aveva preparato la colazione da almeno cinque anni, esclusi ovviamente i pasti mattutini consumati negli hotel. Rivolse lo sguardo verso l'esterno, attraverso le tende scostate e i vetri appannati, le persiane chiuse, quindi per la stanza. Tutto era in ordine, il trolley ancora intatto appoggiato al muro, la porta verso il bagno aperta, l'altra, quella verso il corridoio, appena accostata. Malgrado l'appartamento fosse ben riscaldato, Vanessa sentì freddo. C'era decisamente qualcosa che non andava, nessuno doveva essere in casa con lei, quella mattina. Doveva alzarsi e porre fine a quella specie di incubo che sembrava il prolungamento dell'agitata notte. Scostò le coperte e mise i piedi nudi sul pavimento di legno, la camicia arrampicata sulle gambe. Si alzò tentennando e, calzate le ciabatte colorate, si avviò lentamente alla porta. La aprì e si ritrovò nel corridoio, dove il profumo si sentiva più forte, lo percorse, la luce attraverso le vetrate della sala inondavano la casa, malgrado la nebbia all'esterno coprisse ancora il lago. Fu alla fine del corridoio, all'imbocco dei gradini che portavano in sala, che l'incubo peggiorò: il tavolo rotondo della sala era sapientemente apparecchiato con tazze, piattini, pane, yogurt, succo di frutta e ogni ben di Dio. Dopo una prima, scioccata occhiata, Vanessa ebbe il secondo shock, notando che la tavola era preparata per due persone. Doveva esserci una spiegazione, certamente, si ricordò che era Natale e questo la rincuorò un po', sì, qualche sua amica le stava facendo una sorpresa, era venuta a trascorrere insieme a lei la giornata e ora le stava preparando la colazione. Sì, ma, chi aveva le chiavi di casa sua? Solo l'anziana vicina che le curava le piante quando Vanessa si assentava per più giorni, ma tale ipotesi le sembrò alquanto improbabile, la donna era acciaccata e non se la vedeva affaccendata ai fornelli alle prese con uova e toast. Forse le aveva date a

Claudia, la sua amica, in qualche occasione, e ora non se lo ricordava più, ed era proprio lei di là, in cucina. Vanessa accelerò il passo, il cuore le batteva forte. Scese i pochi gradini, attraversò la sala e, giunta alla porta della cucina, afferrò con la mano destra la maniglia. La spinse verso il basso e la aprì. La visione che le si presentò fu come quando, da bambina, sbirciava i film dell'orrore alla televisione e poi, di notte, si tirava le coperte fin sopra la testa, per la paura. Era già la seconda evocazione ai suoi ricordi d'infanzia, nel giro di pochi minuti, ma a questo Vanessa non pensò di certo, il suo pensiero registrò solo la figura che, in piedi in mezzo alla sua cucina, fra il tavolo ingombro di cose e i fornelli accesi, con un cucchiaio di legno in mano, curava qualcosa che abbrustoliva in una pentola che sprigionava profumo di buon cibo. Non troppo alta, con il vestito rosso in parte riparato dal grembiule da cucina che Vanessa teneva appeso alla parete, più per bellezza che per utilità vera, la figura le mostrava il profilo, i capelli ramati le coprivano il viso. Vanessa, per un attimo, credette di sognare, e forse era davvero così, ma lei, lì, in piedi alla porta della sua cucina era reale, come la figura che aveva davanti, e credette di svenire. La figura doveva aver sentito il rumore della porta perché si voltò verso di lei e due grandi occhi verdi la fissarono per un attimo, poi il sorriso stampato sulla faccia rosea la accolse, mentre appoggiava il cucchiaio sul pianale della cucina e le si avvicinava. Il tocco fu lieve, la spalla di Vanessa percepì appena la mano della bambola, sempre sorridente con quell'espressione che qualcuno le aveva disegnato sul viso e lei ora era condannata a rivolgere perennemente al mondo. Con gentile pressione della mano, la bambola guidò Vanessa verso il tavolo della sala, facendola sedere, e poi, preso il caffè dal fuoco e servite le ultime cose, si accomodò e le si sedette di fronte. Versò il caffè in entrambe le tazze e indicò con un gesto delle braccia quanto la tavola offriva, con il chiaro invito a servirsi. A Vanessa parve di sentire un *"Buon appetito, buon Natale"*, ma doveva esserselo immaginato. O forse no? Afferrò la tazza e bevve un sorso di caffè bollente, imitata dalla bambola che però lasciò invariato il livello del liquido nella sua. Mentre Vanessa cercava, malgrado un morso le chiudesse lo stomaco, di mangiare qualcosa, la bambola ne imitava le azioni, trasportando sulla tavola fette di pane tostato, burro, marmellata. I minuti trascorsero lenti, il rumore di stoviglie rompeva il silenzio della casa. Vanessa depose la sua tazza e si appoggiò allo schienale della sedia, osò guardare la bambola, che subito la imitò. Cercò di alzarsi, non sapendo cosa fare e che cosa sarebbe potuto accadere ora. La bambola si alzò prontamente e cominciò a sparecchiare, indicando a Vanessa il corridoio, con il presumibile invito ad andare a cambiarsi. Vanessa raggiunse la sua camera e, mentre dalla cucina proveniva il rumore dello scrosciare dell'acqua nel lavandino, cercò di riordinare le idee. Pensò di telefonare alla sua amica, con la scusa degli auguri di Natale, cercare di tornare alla realtà. Afferrò il telefono che aveva sul comodino, lesse l'ora: erano le nove e trenta, sì, poteva osare, di sicuro Claudia era già alzata. Richiamò il numero dalla rubrica e dopo solo tre squilli la voce dell'amica giunse dall'altro capo della linea, gridolini di auguri e saluti la fecero per un istante sentire sollevata. Vanessa cercò per qualche minuto di sostenere una conversazione normale, poi tentò di sollevare l'argomento che le premeva. Non potendo dire la verità, per non essere presa per pazza, della qual cosa cominciava a dubitare lei stessa, pensò a una scusa per invitare a casa sua Claudia. Escogitò che avrebbe potuto recuperare un libro, incartarlo e darlo all'amica per regalo, poteva essere una buona scusa, quella dello scambio di regali, e, prima di rivolgerle la domanda, istintivamente si girò verso la porta. Quasi le cadde di mano il cellulare, quando vide la bambola in piedi accanto alla porta, immobile, sorridente, con uno strano luccichio negli occhi verdi che fino ad allora a Vanessa non pareva proprio di aver colto. La domanda che stava per formulare le si smorzò sulle labbra. Disse qualcosa di banale e concluse la conversazione in tono spento, mentre Claudia le diceva che l'avrebbe richiamata nel pomeriggio, magari potevano vedersi in serata, perché la giornata di Natale doveva trascorrerla con una parente, eccetera eccetera, parole che Vanessa riuscì a registrare a malapena. Lo sguardo della bambola ritornò limpido non appena la telefonata fu conclusa e Vanessa si sentì sospingere verso il bagno, dove la vasca si stava riempiendo di acqua calda. La bambola la lasciò sola nella stanza da bagno, uscì e richiuse la porta, il vapore cominciava ad offuscare il piccolo locale. Vanessa aspettò che il livello dell'acqua raggiungesse la metà vasca, poi si tolse la camicia e si immerse, con la schiuma che le solleticava il collo. Malgrado il caldo che l'acqua emanava, lei sentiva i brividi per tutto il corpo, ma cercò di calmarsi e di pensare lucidamente. Doveva uscire di casa, vedere qualcuno, sì, questa era una buona idea. Avrebbe prima cercato di chiamare un'altra amica, o chiunque ci fosse registrato nella rubrica del suo cellulare. Terminò il bagno e si asciugò approssimativamente, ritornò in camera con indosso solo la biancheria, si infilò una tuta comoda. Protese occhi e orecchie, della bambola nessuna traccia. Afferrò il cellulare dal comodino e si avviò alla porta finestra che dava sul balcone. Aprì le ante delle persiane e l'aria fredda del mattino la investì, il cielo era grigio di nubi basse e minacciose che riflettevano il loro cupo colore sul lago, facendolo sembrare un grande stagno melmoso. O questo fu ciò che Vanessa percepì, lo stato d'animo trasfigurava il paesaggio che aveva di fronte, lo stesso che lei amava e che di solito tanto la calmava, ma che oggi le trasmetteva solo angoscia. Uscì sul balcone, il giardino e le siepi intorno le ostruivano la vista sulla strada, solo la casa confinante sulla destra era visibile, le luci del secondo piano erano accese, i bambini dei suoi vicini dovevano essere svegli, ansiosi di correre a scoprire i regali di Natale. Vanessa scrutò la casa ma non riuscì a scorgere nessuno, dovevano essere tutti affaccendati in quella giornata speciale. Era dunque sola, unico mezzo di comunicazione con il mondo esterno, il cellulare stretto nella mano. Sbirciò all'interno della sua camera, non notò nulla di particolare, la bambola non era in vista, sperò fosse ancora in cucina alle prese con le stoviglie della colazione. Vanessa si fece coraggio e, accostate le persiane, nell'angolo più esterno del balcone, richiamò dalla rubrica del telefono il numero di un amico che viveva non lontano, avrebbe inventato un'emergenza chiedendogli di passare da lei appena possibile. Lasciò squillare il telefono ma dopo quattro o cinque inesorabili squilli partì la segreteria telefonica, era troppo lenta e Vanessa non volle aspettare ulteriormente e sprecare quel poco tempo di solitudine che, ne era sicura, sarebbe durato poco. Chiuse la comunicazione. Fu un grosso errore. Cercò convulsamente un altro numero e, trovato quello di un'amica, anch'essa non molto lontana di abitazione, avviò la chiamata. Il colpo ai vetri della finestra fu talmente forte e l'apparire della bambola nel vano della porta talmente repentino che a Vanessa sfuggì di mano il telefono, che cadde a terra, e dalla gola un grido acuto che tagliò l'aria fredda. Lo sguardo della bambola, se possibile ancora più pauroso di quanto lo avesse già trovato fino a quel momento, la incenerì. La mano la afferrò e fu letteralmente trascinata in casa, la porta finestra chiusa con violenza. Vanessa atterrò sul suo letto disfatto, la bambola si bloccò in piedi, minacciosa, osservando la sua prigioniera. Tutto rimase immobile per qualche minuto poi, piano piano, la bambola si mosse e, gli occhi ora più calmi, la invitò a seguirla. Vanessa si rese conto con sgomento che avrebbe dovuto stare a quel diabolico e irreale gioco, recitare la parte che le veniva chiesta in quello strano giorno di Natale. Si arrese e, docilmente, seguì la bambola fino in sala. Si sedette sul divano a fiori, davanti alla grande vetrata che dava sul giardino, e là, in fondo, il lago, vano testimone di quanto le stava accadendo. La bambola si accoccolò sul tappeto, accanto all'albero di Natale e, preso un piccolo pacchetto, lo porse a Vanessa. Sempre più inorridita, la ragazza lo prese e lo scartò piano. Conteneva un soprammobile raffigurante un gatto, che Vanessa teneva su una mensola della sala, insieme ad altri di vario genere. La bambola doveva averlo preso e incartato. Vanessa sorrise e sibilò un leggero *"Grazie"*. Poi, non sapendo che fare, prese da sotto l'albero una delle scatole di dolci che aveva ricevuto e lo porse alla bambola. Questa lo prese e a Vanessa, per un attimo, sembrò di vedere due piccole lacrime che le scendevano dagli occhi e, incredula, fu lei che questa volta udì un *"Grazie"* sospeso. Stettero così, a lungo, sedute sul divano, vicine. Ad un certo punto squillò il telefono di casa e, al tentativo di Vanessa di alzarsi per andare a rispondere, la reazione della bambola fu talmente repentina e violenta, che desistette subito, arrendendosi al suo ruolo di prigioniera. Quindi, lasciato passare qualche minuto, si alzò e si avviò verso la cucina, con l'intento di preparare qualcosa per il "pranzo di Natale". La bambola la seguì, docile.

Capitolo 3

Le ore trascorsero lente, un frugale pranzo fu pronto, la tavola rotonda della sala di nuovo apparecchiata, le due strane figure recitarono la loro parte di conviviale coabitazione, mangiando, l'una, e solo fingendo, l'altra, con gesti copiati, il cibo, ascoltarono musica, girovagarono per la casa, la televisione fu accesa, finestra sul mondo reale. L'unica cosa in cui Vanessa riponeva ancora una piccola speranza era la telefonata che Claudia le aveva promesso di farle prima di sera, avrebbe cercato di rispondere? Ma già sapeva che questo non le sarebbe stato possibile.

Un'altra, piccolissima speranza era riposta a chi l'aveva cercata al telefono fisso, ma chiunque fosse doveva aver pensato che era al lavoro. Fu un vero miracolo che Vanessa riuscìsse, durante brevi attimi in cui la bambola era distratta, ad uscire a recuperare il cellulare e, in un secondo momento, a digitare alla sua amica un messaggio, pregandola di non richiamarla ma di passare da lei verso le sette. Ricevette un "*ok*" che le infuse nuove speranze. Cominciò quindi a pianificare come agire quando Claudia sarebbe arrivata a casa sua e si sarebbe, ignara, presentata alla porta. Ma lo stato d'ansia in cui Vanessa viveva in un crescendo di tensione non le permise di dare corpo a un qualche piano definito. Erano ormai quasi le sette e Vanessa si rese conto che cominciava a sudare per l'agitazione, non sapendo ancora come sfruttare a suo favore la visita prevista. Restò per un po' alla finestra, sperando di vedere sopraggiungere l'auto dell'amica, magari precipitarsi fuori di corsa e salire sul mezzo, si vedeva gridare verso Claudia di non fermarsi, di correre via. Le sette passarono, le sette e un quarto, e questo era alquanto strano per Claudia, sempre puntuale. Alle sette e trenta una vibrazione al suo cellulare, che teneva gelosamente in tasca dei pantaloni, ben mimetizzato dal gonfiore di un fazzoletto, la fece trasalire. Si avviò, noncurante, verso il bagno, la bambola rimase tranquilla a fissare la televisione. Chiuse la porta e ci mise solo due secondi a estrarre il telefono e leggere il messaggio che le fece crollare ogni speranza. Claudia si scusava ma le annunciava che non sarebbe potuta venire. Vanessa non lesse il resto, poco le importava, ormai. Uscì dal bagno per non insospettire la bambola, la mente in subbuglio, il cuore gonfio d'angoscia. Fuori era ormai buio, si sedette sul divano, le immagini di un film comico sfilavano sullo schermo della televisione. Vanessa pensò al giorno successivo, al lavoro, che avrebbe dovuto cominciare con il volo di mezzogiorno, come avrebbe potuto fare? Come sarebbe stata la sua vita la mattina dopo? La bambola sarebbe stata ancora lì? Le sembrava di impazzire. Pensò che magari avrebbe potuto andare in camera a preparare la valigia, facendo capire alla sua carceriera che il giorno successivo sarebbe partita, come l'avrebbe presa? L'avrebbe lasciata andare? Il suono del clacson proveniente da un'auto in prossimità della casa le fece trasalire entrambe, la bambola si alzò con una velocità incredibile, Vanessa corse alla finestra. Alla luce del cancello che dava sulla strada vide un'auto che però non riconobbe, ma era chiaramente qualcuno diretto da lei. Aprì i vetri e urlò con tutto il fiato che aveva in gola. Ma la scena che ne seguì ebbe dell'inverosimile. La bambola, che era corsa alla porta, era ora al cancello di casa sua, piazzata al centro, mentre le ante di ferro si aprivano lente, lei si era posizionata con le braccia aperte, il viso allucinato. Chiunque fosse all'interno dell'auto doveva credere di avere sbagliato casa, o vita. Vanessa vide scendere dalla macchina un uomo, che dopo poco riconobbe nel suo amico, lo stesso che aveva tentato di chiamare al cellulare la mattina: doveva avere trovato la chiamata persa, forse era lui che l'aveva cercata sul telefono fisso e, insospettendosi, era andato a vedere se lei stesse bene. Il sollievo che Vanessa provò durò pochi attimi, solo fino a quando la bambola investì letteralmente l'uomo, facendolo alzare da terra e ricadere rovinosamente sul selciato. Il corpo restò immobile e la bambola ne approfittò per alzarlo e scaraventarlo nella macchina, che spinse verso la strada in discesa, finché scomparve alla vista. Rientrò, il cancello si richiuse lentamente. Vanessa non aveva il coraggio di rivolgere lo sguardo verso l'interno della casa, dove la sua carceriera stava riprendendo posto sul divano, cambiando canale della televisione. Il freddo la fece decidere per richiudere i vetri e, lentamente, si riavviò anch'essa verso il divano. Non aveva più speranze, pensava, erano già le otto e nessuno l'avrebbe più cercata e comunque la bambola le avrebbe impedito

qualsiasi contatto con il mondo. Se anche fosse squilla-
to il telefono per auguri tardivi, non sarebbe certamente
riuscita a dare l'allarme. La bambola se ne stava seduta
sul divano, i capelli scomposti, lo sguardo cattivo, evidentemente quella intrusione l'aveva fatta inferocire. Vanessa provò letteralmente terrore nel guardare la figura che
ormai dettava legge in casa sua e su di lei. Vanessa preparò qualcosa per cena, mangiò senza appetito, mentre
la bambola le sedeva accanto. Fu riordinata la cucina e
Vanessa decise che avrebbe tentato di fare una doccia e
preparare la valigia per il giorno dopo, temendo però la
reazione della sua guardiana. La doccia non ebbe intralci,
la bambola era rimasta in camera. Vanessa pensò al suo
amico, magari non si era fatto nulla di male e aveva dato
l'allarme, sì, era una possibilità. Non doveva contarci
troppo, però. Uscì dal bagno indossando una tuta pulita,
che avrebbe tenuto anche per la notte, comoda e calda per
un eventuale tentativo di fuga con il buio. Prese il trolley
che era rimasto ancora lì dalla sera prima, lo disfò e gettò i
panni sporchi da lavare, la bambola sempre attenta a tutte
le sue mosse. Poi Vanessa prese dall'armadio e dai casset-
ti gli abiti puliti, che mise in valigia, e la divisa del lavoro.
Tutto tranquillo, nessuna strana reazione della bambola,
che pareva non collegare quelle azioni a niente di particolare. Pur sentendosi un po' ridicola, Vanessa mostrò alla
bambola il foglio della compagnia aerea presso la quale
lavorava e le indicò l'ora in cui lei avrebbe dovuto prendere servizio il giorno successivo, le spiegò che doveva
andare a lavorare, la mattina dopo, di buon'ora. La bambola osservò il foglio con sguardo di fuoco, ma nulla di
più. Vanessa ripose tutto e, seppur con paura, prese la
bambola per mano e la condusse in sala, dove si sedette
con lei sul tappeto, accanto all'albero di Natale. La giornata nebbiosa si stava trasformando in una cupa notte di
gelo, il cielo coperto, e dentro la casa Vanessa sentiva un
gran freddo nelle ossa, malgrado il riscaldamento fosse in

piena attività. Si alzò per accendere la stufa a pellet e in pochi minuti l'arancio della fiamma diede i propri bagliori sui loro visi. Vanessa non provò alcun beneficio dalla nuova fonte di calore, sentì ancora più freddo nel vedere i riflessi delle lingue di fuoco negli occhi della bambola. Le parve di scorgere uno sguardo ancora più cattivo, o forse era solo la sua immaginazione, ormai sul filo del terrore dopo tutta quella giornata trascorsa nella paura. Improvvisamente alla finestra avvertì un rumore strascicato, si ricordò che tutte le sere passava il gatto bianco e nero della sua vicina, in cerca di coccole e qualche crostino. La bambola fu subito in allarme, ma Vanessa, ansiosa di avere anche solo quella minuscola vicinanza, le sorrise e si alzò con calma, per non allarmarla. Aprì la finestra e il micio entrò di corsa, la bambola rimase lì in piedi, in allerta ma non in atteggiamento ostile. Evidentemente non vedeva nell'animale nessun tipo di minaccia. Fu il gatto che, non appena scorta l'alta figura accanto al divano, che per lui doveva sembrare una specie di gigante, si trasformò da placido batuffolo di pelo in felino in procinto di guerra. Il pelo irto in tutto il corpo, la coda spessa, le orecchie indietro, la bocca spalancata in un ghigno da paura, mentre un verso che aveva dell'umano gli usciva dalla gola. Soffiò contro la bambola. Vanessa non sapeva che fare, se volgere a proprio vantaggio quell'inaspettato attacco felino, provando però un po' di apprensione per il gatto, o se aprire la finestra liberandolo. Non ebbe il tempo di prendere alcuna decisione, il gatto in un attimo fu avvinghiato alla bambola, graffiandole con le unghie appuntite il viso, mentre lei cadeva all'indietro. La lotta sembrava furiosa, la bambola si era ripresa e si dibatteva, difendendosi dall'attacco. Vanessa corse alla porta e la spalancò, raggiunse il cancello. Ma fu lì che ogni sogno di fuga sfumò. Venne raggiunta dalla bambola, afferrata e trascinata di nuovo in casa. Del gatto nessuna traccia, doveva essere fuggito terrorizzato. La bambola, richiusa la porta, ormai

in uno stato pietoso, con il viso rovinato dai graffi, i capelli scomposti, il vestito sgualcito, gli occhi indemoniati,
ritornò a lei e la prese con forza. Le indicò porte e finestre, facendole capire di chiudere tutto. Vanessa obbedì,
facendo il giro della casa, la bambola dietro. Chiuse tutto,
arresa nella sua prigione. La bambola le afferrò il cellulare
e lo distrusse sotto i piedi. Ritornarono al divano, Vanessa a quel punto scoppiò in un pianto dirotto, liberatorio.
Cosa sarebbe accaduto di lei? Prigioniera in casa sua, di
una bambola! Inverosimile, assurdo, irreale! La bambola
le circondò le spalle, un gesto che Vanessa vide non come
tentativo di consolazione, come probabilmente la bambola intendeva, ma come dimostrazione di possesso. Possesso esclusivo, cattivo, senza uscita. Passarono minuti, forse
un'ora. Le fiamme della stufa non riuscivano a scaldare
quell'agghiacciante quadro domestico. Alla fine Vanessa,
spossata dalla stanchezza e dalla tensione di tutta quella
tragica giornata, si alzò dal divano, spense la stufa, le luci
della sala e si avviò verso la camera. Voleva dormire, lasciarsi svenire, così, sul letto, che la bambola facesse di lei
quello che voleva. Domani, al risveglio, forse rinvigorita,
sarebbe accaduto qualcosa. D'altra parte, se non si fosse
presentata al lavoro, cosa ormai secondo lei inevitabile,
l'avrebbero cercata. Anche qualche sua amica avrebbe
fatto scattare l'allarme, prima o poi. Si lavò velocemente
il viso e i denti e uscì dal bagno. La bambola era lì, immobile, guardò Vanessa avviarsi al letto e mettersi sotto
le coperte. La ragazza non se la sentì di spegnere la luce
del comodino, volle aspettare di vedere cosa avrebbe fatto
la bambola. Questa, dopo poco, lasciò la stanza. Vanessa,
sfinita, spense la luce. La notte incominciò.

Capitolo 4

Il volo di mezzogiorno da Milano ad Amsterdam, come molti altri voli in programma per quel mattino, era in ritardo, il gelo sulle piste stava creando disagi ai grossi bestioni allineati davanti al terminal. Gli equipaggi erano in attesa, sperando che la situazione tornasse presto alla normalità. Le hostess in servizio per quel volo, tre, e i due piloti erano pronti al banco del check-in, in prossimità dell'uscita. Ma le donne cominciavano ad allarmarsi, non vedendo arrivare la loro quarta collega, Vanessa. Era sempre puntuale e quel ritardo le stupiva, finché la responsabile afferrò il telefono e chiamò la direzione, allertando la possibilità di dover richiedere l'immediata sostituzione di una hostess. C'erano già abbastanza problemi, quella mattina, non si potevano permettere ulteriori ritardi. Stava parlando, lo sguardo rivolto all'esterno, quando un riflesso nella grande vetrata la fece voltare. Le era sembrato di scorgere Vanessa, a colpo d'occhio la capigliatura rossa che il vetro rifletteva sembrava appartenere alla ragazza. Si voltò e smise di parlare al telefono, non credendo ai propri occhi. Si, quella che stava camminando sinuosamente verso di loro doveva essere Vanessa Contini. Ma qualcosa non tornava. Vanessa era, si, una bella ragazza, alta e ben fatta, con i capelli color mogano e begli occhi di una strana gradazione di verde. E la ragazza che la hostess e, ormai incuriositi, anche gli altri colleghi, stavano osservando corrispondeva grosso modo a tale descrizione, ma il rosso dei capelli era più acceso, il verde degli occhi più brillante, l'andatura molto più provocante di quanto non avesse Vanessa. E la sciarpa rossa che completava la divisa, che proprio non avrebbe potuto portare per ovvi ordini della compagnia aerea, che voleva tutto lo staff abbigliato in modo perfetto e con divise e colori ben definiti, dava un tocco diabolico all'insieme. Mentre tutti la osservavano, immobili, Vanessa, o chi per lei, li raggiunse e sorrise ai colleghi. Uno stridulo *"Buon-giorno"* li atterrì. La hostess che era al telefono chiuse la comunicazione con uno sbrigativo contrordine e tutti seguirono con lo sguardo quella ragazza che era, doveva essere, la loro collega Vanessa, mentre appoggiava il trolley contro la vetrata e si avviava altera alla macchinetta del caffè. Nessuno osò rivolgerle la parola, stettero per parecchi minuti in attesa e quando la porta del *gate* per il loro volo si aprì, si avviarono verso l'aereo per prendere servizio. Vanessa fece lo stesso e superò i controlli, la sciarpa di seta rossa ricadeva sulle spalle, provocatoria. L'intero equipaggio salì sull'aereo, tutti presero i loro posti, in attesa dell'arrivo dei passeggeri.

Nessuno ancora sapeva che cosa li aspettava.

Sarebbe stato un lungo e strano volo.

Indice

L'anello con la pietra rossa   7

Anche in paradiso si può morire   39

La danza di Lucca   56

Cerchi nell'acqua   72

Vittime illustri al Sacro Monte di Orta   88

Biglietto senza ritorno   97

La bambola   114

www.ingramcontent.com/pod-product-compliance
Lightning Source LLC
LaVergne TN
LVHW041157080426
835511LV00006B/640